QUÉ SE DICE SOBRE
GESTIÓN EMPRESARIAL DE ALTO RENDIMIENTO

Trabajar con Fabián ha transformado nuestra perspectiva sobre la productividad en el negocio.

Gracias a su enfoque, hemos aprendido a valorar nuestro tiempo de manera más efectiva, a evitar los cronófagos que consumen nuestras horas y a liberar nuestra mente para enfocarnos en generar ideas innovadoras.

La práctica de auditar nuestro tiempo y la comprensión de que "las tareas que no están en la agenda, no existen" se han convertido en pilares fundamentales en nuestra rutina diaria.

Además, Fabián nos ha guiado hacia una vida más equilibrada, y ahora puedo decir con sinceridad que "ya dispongo de la misma vida aburrida que siempre soñé".

Estoy en camino de convertirme en una persona ambivertida, todo gracias a su enfoque organizado, la implementación de una agenda de cuarta generación y su valiosa ayuda.

¡Muchas gracias, Fabián!

Ignacio SantaBarbara
Fundador pyv.systems

Llevo 6 meses trabajando mano a mano con Fabián en la gestión de mi centro de entrenamiento y ha sido una transformación profunda en la manera de gestionar mi negocio.

Lo que más valoro es su enfoque práctico y las herramientas concretas que me enseñó para optimizar procesos, mejorar la organización y poner el foco en lo que realmente importa dentro de un negocio: la parte financiera, la operativa, la comercial y la administrativa.

Gracias a su apoyo, hoy tengo una visión mucho más clara y estructurada, lo que me ha permitido que mi centro esté más organizado y, por lo tanto, tenga más control.

Recomiendo tanto su trabajo como este libro, porque contienen estrategias fáciles de aplicar que marcan una diferencia real en la gestión de cualquier negocio.

Pablo Salmeron
Fundador 3ntrenos.com

Fabián nos ayudó a romper con el esquema tradicional del artista desconectado de la gestión.

Su conocimiento y metodología nos abrieron puertas a un mundo nuevo, donde el arte y la gestión no solo conviven, sino que se potencian mutuamente.

Aplicar el FOCA ha sido un antes y un después, impactando no solo nuestra vida profesional, sino también la organización y gestión personal.

Gracias a él, hemos podido mirar de frente esas creencias limitantes que nos ataban: el mito de que los artistas no deben ocuparse de las finanzas, un error que hemos dejado atrás para abrazar una visión mucho más amplia, clara y creativa.

Fabián se tomó el tiempo de entender realmente nuestro mundo artístico, y eso hizo toda la diferencia. Por eso, se ha convertido en un aliado cercano y una fuente de inspiración constante; con su metodología transforma proyectos y cambia paradigmas, abriendo caminos para toda la vida.

Gracias por tu acompañamiento que nos impulsa a avanzar con propósito.

Claudio Frost y Laura Settecase
fundadores de trasterodelasartes.com

Trabajar con Fabián ha sido una gran experiencia, no solo aprendí a manejar la agenda cuarta generación, sino que me guio paso a paso en su implementación práctica, haciéndola un hábito.

También aprendí a planificar con propósito y ser más eficiente con el uso de mi tiempo.

Su metodología práctica de la marca personal me hizo ser más consciente de mis talentos y habilidades, ayudándome a definir cómo aportar valor y cómo hacerme más visible.

Jairo Llanos
Director de SBU www.naqua.com.sa

Trabajar con Fabián ha sido un punto de inflexión.

Su acompañamiento me ayudó a salir del modo operativo y enfocarme en lo estratégico: organizar mejor mi tiempo, avanzar en *marketing*, ventas y sistemas —áreas que siempre quedaban relegadas por el día a día técnico.

Tener que rendirle cuentas me empujó a ejecutar lo que sabía que debía hacer, pero que sola no priorizaba.

Me dio estructura, foco y el impulso para explorar lo que antes postergaba por inseguridad.

Su nuevo libro *Gestión empresarial de alto rendimiento* reúne muchas de esas herramientas y procesos.

Estoy segura de que puede ayudar a otros —como lo hizo conmigo— a pasar a la acción.

Liliana Aliaga
Arquitecta y fundadora de auveproyectos.com

En enero de 2019 estaba sola (yo era mi empresa) y en diciembre de 2024 éramos 4 personas.

Había crecido muy rápido y mis retos por delante versaban sobre sistemas y equipo. Sabía la teoría, pero no tenía muy claro cómo implementarla en la empresa. Además, el día a día era muy exigente; ¿por dónde empezaba? Hablé con Fabián y le expuse el reto, automáticamente él iba "organizando mis ideas" y dándoles, forma y fecha, y no solo de sistemas o equipos, sino que repasamos todas las áreas de la empresa, marcando unos indicadores y unas fechas para cada miniproyecto.

Además, las mejoras en herramientas o aplicaciones, que yo pensaba para mi negocio y que para mí no eran "fáciles de implementar", el encontraba cómo hacerlo.

Fabián ha hecho fácil retos que yo sola no habría llegado.

Recomendable absolutamente, si quieres crecer tanto de forma física como *online*.

En un año, hay muchas mejoras que han llegado para quedarse, en mi empresa y en mi equipo.

Yolanda Rubio
Fundadora de personalkitchen.es

Trabajar con Fabián está siendo uno de los mayores retos a los que me he enfrentado. No por trabajar con él, sino por el desafío de darle un propósito claro a todo lo que hago y, sobre todo, encontrar la claridad que durante mucho tiempo me faltaba.

Cuando contacté con Fabián, me sentía capaz de lograr todo lo que me propusiera, pero al mismo tiempo sentía que podía colapsar en cualquier momento y perderlo todo. A día de hoy, sigue siendo un camino exigente, pero contar con Fabián como mentor —y también como *coach*— me ha ayudado a encontrar ese equilibrio tan necesario entre mi vida laboral y personal.

Gracias a su cercanía humana y sus genuinas ganas de ayudar a personas como yo, Fabián se ha convertido en una figura clave en este proceso. Aprender a poner el foco en lo importante está haciendo de mí una persona diferente, más consciente y capaz de disfrutar de mi tiempo tal y como un día imaginé.

Óscar Torres Fernández
CEO de europeanwheelmanufacturing.com

GESTIÓN EMPRESARIAL
DE ALTO RENDIMIENTO

Hábitos y herramientas para dueños de negocios

Fabián González

GESTIÓN EMPRESARIAL DE ALTO RENDIMIENTO

Hábitos y herramientas para dueños de negocios

Fabián González

Gestión empresarial de alto rendimiento

© 2026 Fabián González Hernández

Primera edición, 2026

© 2026 MARCOMBO, S. L. www.marcombo.com
Gran Via de les Corts Catalanes 594, 08007 Barcelona
Contacto: info@marcombo.com

Ilustración de cubierta: Jotaká
Corrección: Nuria Barroso
Maquetación: Reverté-Aguilar, S.L.
Directora de producción: M.ª Rosa Castillo

ISBN: 978-84-267-4066-3
D.L: B 19980-2025

Impreso en Servicepoint
Printed in Spain

Libro ecológico
Impreso con papel procedente de bosques gestionados
de manera eficiente, libre de cloro.

Dedicado a todos aquellos que buscan el equilibrio
entre la vida personal y la profesional.

CONTENIDO

PRÓLOGO

GEAR: El arte de poner orden al caos

Podemos traducir GEAR como "engranaje", que el DRAE (Diccionario de la Real Academia Española) define como "conjunto de los dientes de una pieza de máquina" y, metafóricamente, como "enlace, trabazón de ideas, circunstancias o hechos".

Es inevitable recordar aquella escena de *Tiempos modernos*, la película de Charles Chaplin (1936). Una poderosa crítica contra la alienación y la explotación laboral durante la Revolución industrial. A través del humor y la sátira, Charlot lanza un mensaje contundente sobre la necesidad de humanizar la economía.

Esta película se complementa con otra igualmente inolvidable del mismo director y protagonista, estrenada cuatro años después: *El Gran Dictador* (1940), la historia de un humilde barbero judío que, tras la Primera Guerra Mundial, se encuentra en un mundo dominado por un tirano. Se trata de una crítica irónica y despiadada al régimen nazi.

Pero volvamos a GEAR, porque nada es casual y, como decía Steve Jobs, solo hay que "conectar los puntos" retrospectivamente.

GEAR es también el acrónimo de *Gestión empresarial de alto rendimiento*, la presente obra del empresario y pensador Fabián González. Un amigo de hace años, consultor empresarial y conferenciante, al que siempre imagino con una sonrisa.

Su karma, su destino —su "condena", como él mismo dice en LinkedIn— es poner orden al caos. Y sí, la nueva física nos enseña que "el caos se autoorganiza" en torno a un "atractor extraño". Me temo que Fabián es ese atractor, y este libro es la prueba.

Su apuesta para darnos el orden que necesitamos (recordemos que la palabra "disciplina" proviene de "discípulo", es decir, del aprendizaje) se basa en los hábitos.

Para comprenderlo mejor, debemos remitirnos a Aristóteles de Estagira —mi *coach* favorito—, y a su idea de las virtudes como disposiciones del carácter que nos llevan a actuar bien de manera constante: la templanza, la justicia, la prudencia, entre otras.

Los hábitos positivos, los saludables, son expresiones claras de esas virtudes.

Por ejemplo, el hábito de alimentarnos de manera adecuada está vinculado a la templanza. Cuando mantenemos hábitos saludables, como los que propone Fabián González, estos se convierten en manifestaciones virtuosas de nuestro carácter.

Porque, independientemente de nuestro temperamento (que nos viene dado), somos libres para alcanzar nuestra mejor versión si nos lo proponemos.

La virtud, según Aristóteles, es el equilibrio entre dos vicios (es decir, entre dos hábitos negativos), ya sea por defecto o por exceso. Así lo enseñó a su hijo Nicómaco en su obra *Ética a Nicómaco*, y así deberíamos recordarlo siempre: la felicidad (la *eudaimonía*) se alcanza mediante el cultivo de las virtudes a través de los hábitos.

El alto rendimiento, por tanto, se gestiona —"escrito está en mi alma vuestro gesto", diría Garcilaso de la Vega en su Soneto V— a través de una serie de hábitos que conviene incorporar a nuestra vida diaria. Hábitos para nosotros mismos: el foco, la urgencia, la excelencia, la superación.

Hábitos para gestionar con efectividad nuestros negocios: los relacionados con la perspectiva financiera, comercial, operativa o administrativa.

Y hábitos también en nuestras relaciones personales: con la pareja (para ser, como decía Mario Benedetti, "mucho más que dos") y con la familia.

En cada uno de estos bloques, que debemos equilibrar en un trilema exquisito, Fabián nos propone 40 buenas prácticas de alto rendimiento, productividad y, por qué no decirlo, amor sostenible.

Pocos libros como este —si es que hay alguno— nos enseñan esos hábitos que debemos practicar repetidamente hasta que se conviertan en automatismos. Y también nos habla de los rituales, que se repiten, sí, pero con un valor añadido: son conscientes, emocionales y simbólicos. Ambos —hábitos y rituales— van de la mano.

Gracias, Fabián, por ofrecernos tanta ayuda.

Este libro no es solo para leer, ni solo para estudiar. Es para que lo interiorices de forma natural y, volviendo a Aristóteles, conviertas tu *areté* (tu virtud, tu potencial) en una realidad palpable y visible que te defina, que te "marque" personal y profesionalmente.

Juan Carlos Cubeiro
Premio Nacional de Management

PREFACIO

Si no tienes un plan de vida, nunca tendrás orden. Eso de sujetarse a un plan de vida, a un horario—me dijiste—, ¡es tan monótono! Y te contesté: hay monotonía porque falta amor. Si no te levantas a una hora fija nunca cumplirás el plan de vida. ¿Virtud sin orden? —¡Rara virtud! Cuando tengas orden se multiplicará tu tiempo, y, por tanto, podrás dar más gloria a Dios, trabajando más en su servicio.

José María Escrivá de Balaguer

Comienzo este libro con esta cita porque resume de forma magistral una verdad que he experimentado personalmente y que también he visto confirmarse una y otra vez en los empresarios con los que trabajo: sin orden, no hay rendimiento sostenible; sin hábitos, no hay crecimiento real; sin propósito, el esfuerzo se dispersa.

Hace un tiempo publiqué *La agenda de cuarta generación*, un libro que nació con la intención de ayudar a las personas a gestionar su tiempo de forma más consciente, estructurada y alineada con sus prioridades.

Para mi sorpresa —y también con algo de temor, lo admito—, esa propuesta tuvo un profundo impacto en todas las personas con las que tuve la oportunidad de compartirlo.

Y digo temor porque escribir sobre productividad puede ser, para muchos, una invitación al rechazo si no se aborda con humanidad.

Pero quienes decidieron aplicar ese enfoque descubrieron que ser productivo no consiste en hacer más, sino en hacer lo que importa con intención y continuidad.

Desde entonces, muchos lectores me han explicado cómo ese sistema les ayudó a ver con claridad qué estaban haciendo con su tiempo, a identificar los "cronófagos" que los drenaban y a implementar bloques, rutinas y herramientas que les devolvieron el control de su día a día.

Pero también me decían algo más, algo que con el tiempo se convirtió en una constante: "Fabián, lo difícil no es saber lo que tengo que hacer. Lo difícil es sostenerlo cuando la vida real entra en escena."

Y tenían razón.

La productividad no es solo una cuestión de herramientas. Es una forma de vivir.

Es una manera de pensar y actuar que se tiene que enraizar en hábitos, estructuras y decisiones repetidas que acompañen nuestras intenciones. Y, sobre todo, es algo que no se limita al plano laboral.

La verdadera productividad se manifiesta también en el hogar, en la familia, en nuestras finanzas personales, en nuestra salud, y sí, también en cómo lideramos nuestro negocio.

Ese es el origen de este libro.

Desde hace varios años, gran parte de mi trabajo ha estado enfocado en la consultoría empresarial.

He acompañado a decenas de empresarios y emprendedores —de diferentes industrias, tamaños y contextos— a ordenar sus negocios, optimizar sus operaciones, clarificar su enfoque comercial y establecer sistemas financieros saludables.

Pero algo que me ha parecido aún más potente que todo eso es ver cómo muchos de ellos, al ordenar su empresa, terminan ordenando también su vida.

Y no al revés.

A veces, la transformación empieza por lo externo: una agenda limpia, un presupuesto claro, una estrategia comercial bien definida.

Pero, poco a poco, eso llega hasta lo más profundo: el carácter, la identidad, las prioridades, la manera de relacionarse con el equipo, con la pareja, con los hijos, consigo mismos.

En este libro he querido reunir lo mejor de mi metodología de gestión empresarial, con un enfoque totalmente integral, basado en hábitos, rituales y prácticas que de verdad funcionan en el mundo real.

No importa si ya tienes una empresa consolidada o si estás en fase de crecimiento: aquí encontrarás herramientas para planificar con claridad, organizar con intención, dirigir con liderazgo y controlar con eficiencia.

Todo esto sin descuidar tu rol más importante: convertirte en un ser humano completo, presente, conectado con lo que de verdad te importa.

La gestión empresarial de alto rendimiento, tal como la concibo, no se trata solo de multiplicar ventas o escalar estructuras. Se trata de sostener una visión clara del negocio, alineada con la vida que quieres construir, una vida con propósito, familia, salud, impacto y libertad.

Este no es un libro de fórmulas mágicas ni de consejos vacíos.

Es una guía práctica, directa, llena de experiencias reales, errores cometidos, aprendizajes transformadores y soluciones implementadas.

Está diseñado para ayudarte a pasar del "saber" al "hacer", del "hacer" al "sostener", y del "sostener" al "multiplicar".

Te invito a leerlo con mente abierta y espíritu dispuesto.

Subraya, tacha, cuestiona, adapta. Hazlo tuyo.

Este libro no pretende ser una receta, sino una brújula.

Un mapa para ayudarte a liderar tu negocio con claridad, ejecutar con intención y vivir con equilibrio.

Porque no se trata solo de tener una empresa que funcione. Se trata de tener una vida que tenga sentido.

Vamos juntos en este camino.

Fabián González

RECURSOS ADICIONALES

Antes de seguir leyendo, quiero contarte algo importante.

Este libro no es solo un conjunto de ideas. Es parte de un sistema que he construido para ayudarte, paso a paso, a gestionar mejor tu negocio y tu vida como dueño de un negocio.

Sé que no siempre llegamos al final de los libros (la vida va deprisa, lo sé), por eso quiero dejarte acceso a un conjunto de recursos gratuitos que complementan perfectamente lo que vas a encontrar en las páginas de esta obra.

Empieza por algo simple:
- Un **test de autodiagnóstico** para evaluar rápidamente en qué estado se encuentra la gestión de tu negocio (te tomará 5 minutos).
- Una *newsletter* **semanal** con ideas prácticas, casos reales y herramientas sencillas que puedes aplicar de inmediato.

Sigue profundizando a tu ritmo:
- Una *playlist* **de vídeos** donde desarrollo, en formato corto y directo, conceptos clave sobre gestión empresarial.
- Una serie de **entrevistas a dueños de negocios reales**, que ya han pasado por este proceso y comparten sin filtros sus aprendizajes.

Y si quieres pasar a la acción:
- Una **plantilla editable** para crear tu propio plan de acción con claridad, foco y estructura.
- La posibilidad de **reservar una videollamada directa conmigo**, donde podremos valorar juntos tu caso particular y explorar cómo ayudarte de forma más personalizada.

¿Cómo acceder a todo esto?

Solo tienes que escanear el QR que encontrarás aquí al lado o entrar en este enlace: https://fabiangonzalezh.com/gestion-empresarial/

Deja tu email y te llegará todo por orden, sin agobios, y completamente gratis.

Este libro es un buen punto de partida.

Pero estos recursos son la brújula que te puede acompañar mucho más allá.

Nos vemos dentro,

Fabián

PARTE 1.
HÁBITOS Y RITUALES CONTIGO MISMO

Capítulo 1. Cómo poner foco y acción masiva

El cazador que persigue dos conejos no atrapa ninguno.

PROVERBIO CHINO

Las investigaciones alrededor de la neurociencia han expuesto que la capacidad de hacer varias tareas al mismo tiempo no es más que un mito. Desde mediados de la década de los 90, varios experimentos han probado que, en lugar de hacer varias cosas a la vez, nuestro cerebro lo único que puede hacer es cambiar entre tareas.

De hecho, un reciente estudio publicado por la Universidad de Chicago por cuatro científicos (Ward, Duke, Gnnezy y Bos) muestra que, a través de dos experimentos, la sola presencia del móvil ralentiza la capacidad de concentración, incluso en aquellos que intentan mantener la atención y evitan tocarlo. Evidentemente, esto demuestra que a mayor dependencia del dispositivo mayor probabilidad de estar distraído y perder el foco.

Creer que contar con herramientas tecnológicas que nos ayudan a hacer las cosas más rápidamente es la solución genera la sensación de que podemos hacer muchas tareas a la vez, cuando en realidad nuestra mente no puede pensar en varias cosas al mismo tiempo y la calidad de nuestro trabajo será cuestionable. En resumen, desde mi punto de vista, la multitarea es una pseudohabilidad que está sobrevalorada.

Es más, Chris Bailey en su libro *Hyperfocus* demuestra a través de sus investigaciones que solo es posible trabajar una media de cuarenta segundos seguidos delante del ordenador antes de que alguna distracción o asunto nos interrumpa. Dicho de otra manera, se es mucho más productivo cuando puedes dedicar más de cuarenta segundos a cualquier tarea.

Así que, uno de los grandes problemas a los que nos vemos avocados en la implementación de cualquier herramienta de productividad es que podamos ser capaces de centrar nuestra atención en medio de un entorno hostil gobernado por la distracción y condicionados por la naturaleza entrópica de los sistemas que rigen nuestro día a día, los cuales tienden al caos y al deterioro. Vivimos en un mundo totalmente antifoco y está todo diseñado para que perdamos nuestro objetivo de vista fácilmente.

Es todo un reto enfocar nuestra atención sobre aquello que hemos elegido y mantenernos en ello. Al final nos terminaremos convirtiendo en aquello en lo que centramos nuestra atención, de manera que podemos concluir que ese es el gran tesoro y la cosa más preciada que tenemos las personas.

De hecho, esto me hace recordar las palabras de un buen amigo experto en productividad llamado Berto Pena, quien me dijo en una conversación enfáticamente que nuestra atención es el nuevo coeficiente intelectual.

Así que actúa con sabiduría a la hora de desplegar tu energía, poniendo tu atención en tareas que tengan un propósito intencionado y definido con antelación. La mejor manera de aumentar tu productividad y tener un alto rendimiento en tu gestión empresarial es elegir un objetivo antes de ponerte en marcha. En resumen, la intención va primero y la atención después.

Y la pregunta es: ¿cómo mantener el foco en un entorno antifoco?

Una vez aprendes la importancia de marcarte objetivos y tener puntos de referencia, es fundamental poner foco y acción masiva en actividades y tareas que te lleven al logro de ese objetivo. Fíjate que no solo hablo del foco, sino de que una vez tu atención está centrada te pongas en marcha de manera intensa.

Esa determinación debe ser como la luz de un láser; una vez apuntes en esa dirección mantente en el mismo punto hasta lograr un resultado.

Suelo hacer este ejercicio con mis alumnos, con el señalador apuntando con rapidez en varias direcciones y puedo notar como su atención va hacia donde el láser apunta, dejando una sensación de agobio y mareo hasta que finalmente paro; esta es la misma sensación que sentimos cuando apuntamos cada dos por tres nuestra atención en diferentes actividades. Tu foco debe estar en un solo punto y no en varios al mismo tiempo.

Este efecto de distracción e intento de caza "por la siguiente tarea" me hace pensar en la ternura e ingenuidad de un gato que corre tras la luz roja pensando que se trata de algo vivo o una presa a la cual devorar, llevándolo a un comportamiento compulsivo que puede impedirle relajarse y le hace estar en un estado de ansiedad constante, que al final le lleva al cansancio y a la no consecución de su objetivo.

Otro ejemplo que se me viene a la mente para ilustrar el sentido del foco y la acción masiva es la primera vez que tuve la experiencia de practicar el sistema de entrenamiento físico CrossFit. Si no estás familiarizado con el concepto, se trata de un sistema de entrenamiento basado en ejercicios cortos y variados que se hacen en una alta intensidad, cronometrados en rangos que van desde 5 a 30 minutos llamados WOD (*workout of the day*, entrenamiento del día).

Digamos que pude materializar lo que significa el foco y la acción masiva, y al mismo tiempo el dolor muscular y la falta de aire ☺.

Algo que he aprendido de este entrenamiento es, primero, tener definido desde el principio los ejercicios que vas a realizar, y revisarlos previamente por si no los conoces, lo cual no te permitirá salirte del plan. Segundo, el hecho de que haya un cronómetro permite que te centres y no pierdas tiempo; de hecho, se enfatiza mucho en el aprovechamiento del espacio para no tener que desplazarse demasiado y mantener la ejecución de los ejercicios en un espacio delimitado. Y, por último, la intensidad con la que ejecutas la tarea haciendo tantas repeticiones como puedas no permite que haya distracción. Así que aquí tenemos tres elementos claves para desarrollar la capacidad de poner foco y acción masiva: **claridad en la tarea, medición y límite de tiempo y espacio, y alta intensidad en la ejecución uno por uno.**

Esto es lo que el CrossFit me ha enseñado en cuanto al foco y la acción masiva, aparte de sentir dolor en músculos que ni siquiera sabía que tenía.

Otra analogía que quiero proponerte es que imagines que te pido meter varias puntas de hilo en la cabeza de una aguja. Lo más seguro es que para incluir varias tendrás que hacerlo de manera secuencial ya que, de lo contrario, no será fácil insertarlas todas al mismo tiempo.

Lo mismo ocurre con los proyectos y actividades que tenemos en nuestro día a día; si quieres incorporar muchas cosas al mismo tiempo, lo más seguro que ocurra es que termines procrastinando y no avanzando con ninguna.

El tiempo es como ese orificio de la aguja, limitado, estrecho, donde solo tenemos 24 horas cada día; para poner foco y tomar acción masiva deberíamos ser más estrictos a la hora de decidir qué proyectos podemos llevar a cabo. Esta capacidad de elegir significa al mismo tiempo que habrá proyectos a los que tendrás que decir que no. El hecho de que digas que no no quiere decir que nunca lo vayas a hacer, quiere decir que por ahora no se va a realizar. Se trata de establecer prioridades e ir avanzando por ese orden.

Si quieres meter el proyecto a, b, c, d y e, todo en el mismo día en donde tienes más proyectos que bloques de tiempo para trabajar, será evidente que no podrás llevarlo a cabo y algo se tendrá que quedar a medias o sencillamente aplazado. El resultado de esto es estrés, pocos proyectos acabados y la sensación de frustración.

Ya conoces mi recomendación, mejor llevar a cabo 4 proyectos por separados en 4 trimestres que 4 proyectos al mismo tiempo en un año. En caso de que el proyecto sea muy grande o ambicioso, te recomiendo que puedas trocearlo en 4 trimestres.

Me gustaría finalizar con un ejercicio que te recomiendo para que aprendas a concentrarte en las prioridades, enfocarte en lo que eres realmente hábil y descubrir el verdadero poder del foco:

a. Lista las actividades que más consumen tu tiempo.
b. Describe tres cosas en las que eres brillante (en tus negocios o en tu trabajo).
c. Nombra tres actividades más importantes que producen ingresos en tu negocio o resultados notables en tu trabajo.
d. Menciona tres actividades importantes en las que te sientes débil o no te gustan.
e. Piensa en quién podría hacerlas por ti.
f. Define a qué actividad dirás que no o delegarás de inmediato.

Tu *checklist* para poner foco y tomar acción masiva

En el libro *La agenda de cuarta generación* planteo varias técnicas para poder enfocarse, tales como tener bloques de dos horas, hacer *chunks* y *batching*, entre otras palabrejas en inglés, que te pueden ayudar a mantener tu atención en pocas cosas. A modo de resumen te paso lo que desde mi punto de vista son las mejores ideas para no perder el foco.

Para tener claridad en las tareas:

1. Muévete en función de tus objetivos: las tareas en las que trabajas tienen que estar relacionadas con los objetivos que te has trazado. No tendría sentido dedicar tu atención a algo que no esté conectado con aquello que quieres conseguir. Recuerda que la productividad y la gestión empresarial de alto rendimiento es sinónimo de trabajar por objetivos, así se tienen resultados.

2. Planifica con antelación: las tareas del día se identifican mejor planificando una semana antes, un día antes, una hora antes y verificando cada cambio de bloque.

3. Identifica tus tareas clave: recuerda que el foco debe estar puesto en aquello en lo que ya somos naturalmente buenos, aplicando la ley de Pareto sabrás en dónde enfocarte y concentrarte en esas prioridades.

Para tener medición y límites de tiempo y espacio:

4. Fija horarios: esto te permitirá tener un inicio y un fin, te ayudará a sujetarte y concentrarte en esa franja horaria.

5. Establece bloques de trabajo: la mejor manera de eliminar el *multitasking* es que puedas establecer estos bloques por adelantado; además de protegerte de ti mismo, te ayuda a medir el tiempo dedicado a esa actividad.

6. Marca inicios, descansos y cierres: es importante que tengas señales que te muestren cuándo parar, utilizar un *break*, pomodoros o alarmas, te ayudará a ceñirte a

mantener tu atención, a finalizar esa tarea antes de pasar a otra.

Para ser intensos en la ejecución:

7. Di no a cosas que no aporten a tu objetivo: para tener que decir sí a lo importante, tienes que decir no a muchas cosas también. Si tienes claro el objetivo que tienes en frente esto te evitará pensar en otra cosa diferente. Como se dice en el libro de Proverbios 4:25: "Pon la mirada en lo que tienes delante; fija la vista en lo que está frente de ti."

8. Elimina las distracciones de tu entorno: las notificaciones, el móvil, la puerta abierta, todo lo que te haga perder tu atención debería estar lejos, apagado o cerrado. Si te cuesta mucho, te recomiendo comprar unos cascos de reducción de ruido.

9. Crea un *momentum*: una vez estés en la franja, acciona como si te fuera la vida en ello, no esperes a que llegue la inspiración, las ganas; simplemente arranca, el movimiento crea inercia y la inercia te ayuda a mantenerte en movimiento.

10. Ten una lista de "distracciones": lleva una lista, pero solo una lista de todas las cosas que se te ocurran mientras te pones en acción (reservar un restaurante, ver una película) y que busquen distraer tu atención; es como hacer un sistema de captura de información de las cosas superfluas e importantes que pasan por tu mente. De esta manera podrás evitar estar pensando en ello constantemente y enfocarte en la tarea que estás ejecutando.

Foco: la capacidad para estar concentrado durante un periodo de tiempo en una sola tarea.

Multitarea: la capacidad de pasar de una tarea a otra sin claridad ni orden dejando como resultado el inicio de varias cosas con una calidad "promedio-cre".

Capítulo 2. Incorpora el modo Terminator

Las cosas no se dicen, se hacen, porque al hacerlas se dicen solas.

Woody Allen

Una de las conclusiones a las que he llegado después de trabajar con varias personas en la implementación de su agenda y la gestión de su negocio es el hecho de que la productividad personal es literalmente muy personal. Cada persona, de acuerdo a su perfil, empieza a adquirir sus propias rutinas y, como resultado, es probable que apliquen solo algunas de todas las recomendaciones de productividad personal que están a su disposición. Incluso podría ser que resulte contrario a mis planteamientos y su situación sea tan particular que nada puede ayudarle salvo que arme su propio sistema. Digamos que puedo vivir con eso, por eso mi recomendación es que lo pongas a prueba y te quedes con aquellas cosas que se adaptan con facilidad y consideres pertinentes en función de cómo lleves tu vida.

Claramente, la implementación de una agenda más los hábitos para ser más productivo tienen que ser adaptativos, coherentes, estables y flexibles.

En cualquier caso, hay ideas que considero universales y que se aplican a todo el mundo por igual, independientemente de su perfil y gustos personales. Por ejemplo, esta que te presento a continuación:

Mi invitación es que incorpores en tu vida el modo Terminator, y ¿qué significa esto? Tener la capacidad de acabar lo que empiezas y llevarlo a su máxima expresión de considerarlo hecho.

El modo Terminator puede resultar como consecuencia del hastío que te produce estar acumulando y aplazando microtareas durante varias semanas, incluso meses, sin lograr concretarlas por pereza, no considerarlo lo bastante importante o, sencillamente, porque se te olvida.

El problema con esta acumulación es la distracción mental que genera el estar pensando en algo que en algún momento harás, pero que finalmente no haces; cosas como responder a un mensaje de WhatsApp de un buen amigo que lleva más de 4 días sin respuesta, comprar los rotuladores para el tablero de trabajo, ir a esa obra de teatro que tanto deseas, donar los viejos libros que tienes en una caja, comprar las pilas para los juguetes de tus hijos, mandar a reparar la cremallera de la mochila que tanto te gusta, poner el protector del cristal del móvil... En fin, todas aquellas cosas que en principio parecieran no encajar dentro de ningún pilar o rol de tu vida, pero que están ahí, son reales y alguien tiene que hacerlo. Es un cajón de sastre lleno de minucias que con el tiempo se pueden convertir en una caja muy pesada.

El modo Terminator es, en realidad, una acción correctiva más que preventiva, ya que deriva del desenfreno de abrir muchos frentes, teniendo muchas iniciativas para emprender nuevos proyectos, pero con poca habilidad para acabarlos o, como a veces me gustar llamarlo, con poca habilidad "acabativa".

Así que es fundamental desarrollar una mentalidad de acabar y cerrar cosas, en vez de tener muchas iniciativas abiertas al mismo tiempo. Como ya he dicho, es preferible tener un proyecto durante todo el año y terminarlo, que empezar cuatro cosas nuevas y no dejar ninguna terminada.

De hecho, es fundamental desarrollar este hábito puesto que, según un estudio científico, estamos programados para recordar aquellas labores que dejamos a medias; se postula que las personas pueden recordar más fácilmente las tareas que son interrumpidas o no terminadas que aquellas que están completadas, ya que una tarea ya iniciada plantea una tensión que solo puede aliviarse cuando se finaliza. Dicho de una manera más coloquial, esos pensamientos de cosas pendientes estarán torturando y pasando por tu mente una y otra vez hasta que decidas hacer algo con ello. En psicología, este fenómeno se llama efecto Zeigarnik en honor a la científica rusa que lo estudió y publicó en 1927.

En un máster para emprendedores en el que he tenido la oportunidad de ejercer como coordinador y profesor durante varios años, las primeras clases las enfocamos en la idea de incorporar nuevos hábitos para crear una mente dispuesta a sembrar ideas para el emprendimiento.

Hay que eliminar muchos patrones para que hallen cabida los nuevos conceptos. Uno de los hábitos que incitamos a incorporar es la idea de llevar todos los "contadores a cero", dicho de otra manera, invitar a las personas a que reduzcan al máximo el número de tareas y cosas pendientes que tienen por resolver, grandes, medianas o pequeñas y les motivamos a que hagan un listado de ello, pongan una fecha de expiración y compartan sus experiencias con otros compañeros.

La palabra que surge después socializarlo entre los alumnos es LIBERACIÓN. La sensación de quitarse de encima una losa pesada que incluso algunos no sabían ni que cargaban.

Esa misma invitación es la que quiero hacerte, a que te desprendas de todo aquello que estorba tu mente y te lo quites de encima cuanto antes, ya sea haciéndolo o decidiendo definitivamente no pensar más en ello, tachándolo o eliminándolo de tu lista.

Si quieres incorporar nuevos hábitos en tu vida, será mejor que empieces por eliminar todo lo que te tiene atascado mentalmente y puedas de una vez ponerte en marcha con tu propósito de vida.

Así que da igual cómo lo llames, "modo Terminator", "acabativa" o "contadores a cero"; el objetivo es el mismo, terminar aquello que está abierto o en *standby* y que requiere ser terminado.

No dejo de pensar en Arnold Schwarzenegger con su cara dura y sus gafas negras utilizando lo que ya se ha convertido en todo un eslogan y una de las 50 mejores frases de película de todos los tiempos: "I will be back", que significa "volveré".

De la misma manera, aunque erradiques la lista, volverá y estará llamando tu atención constantemente para ser atendida. La clave está en que tu modo Terminator esté de vuelta para no dejarla crecer y mantenerla a raya. Es la manera de tener una buena higiene mental, pues lo cierto es que, para llevar a cabo las tareas más importantes, tener la cabeza despejada y en orden es lo mejor que puedes hacer.

Soy consciente de que el modo Terminator es una espada de dos filos. Por un lado, puede generar cierta sensación de liberación, que si no tenemos cuidado puede convertirse en adictiva por el nivel de logro y satisfacción inmediata que genera conseguir que las cosas se queden hechas, incluso puede hacerte pensar equivocadamente que eres más productivo porque tienes una larga lista de cosas que vas a realizar. Y por otro lado, puede generarte agobio y desesperación al no acabar nunca, pero recuerda que es un hábito correctivo; idealmente, lo mejor sería no acumular cosas y que estas se ejecuten cuanto antes mejor.

Estas minucias son tan pequeñas que ni siquiera están en tu agenda y pasan totalmente desapercibidas, no son importantes ni urgentes, pero tienen que hacerse; y cuando creas que ya lo has conseguido, no te preocupes, ya se estará creando una nueva lista mental de cosas que hay que atender. Se requiere la aceptación antes de entrar en la frustración de una condena que nunca termina.

Según Chris Bailey, para decidir cómo agrupar estas minucias de aquellas cosas que compiten por llamar nuestra atención es conveniente clasificar las tareas en cuatro categorías, teniendo como eje dos criterios: si se trata de una tarea productiva o improductiva y si es divertida o aburrida.

El cruce de estos dos criterios genera cuatro tipologías de actividades:

- Tareas con un propósito que son divertidas y productivas: lecturas o formación en temas de interés, tareas importantes que no son urgentes, o la roca de la semana.
- Tareas necesarias que son productivas pero aburridas: reuniones, llamadas de seguimiento, etc.
- Tareas superfluas que son tan improductivas como aburridas: organizar el escritorio, las carpetas del ordenador...
- Tareas entretenidas que son improductivas pero divertidas: redes sociales, consultar noticias...

Así que cuando hablamos de ese cajón de sastre, generalmente estamos hablando de realizar tareas necesarias, superfluas y entretenidas, ya que, por lo general, no estarían contempladas en una agenda de cuarta generación. Y me dirás: pero Fabián, si son actividades aburridas e improductivas, ¿qué sentido tiene que las haga? Muy sencillo, despejar tu mente, aliviar la carga de la acumulación, estimular el sentimiento de logro y darle un poco de equilibrio a tu vida. Creo que en algunas ocasiones cuando "perdemos el tiempo" de manera consciente nos equilibramos y nos ayuda a no tomarnos las cosas demasiado en serio.

Te quiero dejar una reflexión para cerrar, se trata de la historia de la maldición de Sísifo, quien dentro de la mitología griega enfadó a los dioses a causa de su excepcional astucia. Su castigo fue perder la vista y empujar para siempre una roca gigante hacia la cima de una montaña y, una vez allí, volver a caer rodando hasta la parte baja, desde donde debía cargarla y empujar nuevamente hasta la cima y así por toda la eternidad.

La maldición de Sísifo es una metáfora que nos muestra cómo respondemos y estamos dispuestos a superar todo aquello que nos abruma y nos pone a prueba, aunque desde el principio sepamos o creamos que puede tratarse de tareas inútiles.

Nos puede pasar con nuestros hijos cada día al despertar y repetir una y otra vez el mismo sermón, con el trabajo mecánico y tedioso que no queremos hacer, con las conversaciones incómodas que no queremos tener, con los trámites y papeleos que en algún momento tenemos que hacer, con la compra en el supermercado; en fin, las cosas que pueden parecer fútiles de la vida, pero precisamente allí es donde está nuestro poder, cuando somos conscientes de esta futilidad nos liberamos y somos capaces de aceptarlo y decir: ¿sabes qué? Todo está bien.

No quiero dejarte sin antes darte lo que desde mi punto de vista son los pasos para incorporar este hábito en tu vida.

Tu *checklist* para incorporar el modo Terminator

1. Vacía tu mente: es esencial que puedas liberarte a través del ejercicio de tomar nota y sacar de tu cabeza todo lo que te esté "mareando" o distrayendo.

2. Revisar las áreas y pilares: puedes hacer un repaso por tu "canva" para verificar que no se te queden flecos

pendientes sin atender, así te aseguras de chequear por todos los rincones.

3. Mira a tu alrededor: tener una visión física de tu entorno te ayudará a ver si hay cosas pendientes que no están en tus pilares ni áreas; es como hacer un escáner visual para detectar cosas que requieran ser reparadas, atendidas o eliminadas.

4. Separa todo lo que te lleve menos de 5 minutos: utilizando herramientas como el sistema abcd o clasificando bajo el criterio divertido/aburrido–productivo/improductivo busca separar las tareas, teniendo como criterio la duración que te llevará ejecutarlas. Separa en una lista todo lo que te tome menos de 5 minutos.

5. Haz un listado de lo que probablemente te llevará varios días: aquello que sea muy "gordo", busca ponerlo en una lista separada y pon una fecha de ejecución. Estas sí que podrías agendarlas en bloques para llevarlas a cabo.

6. Pon aparte lo que aún no sabes si harás y ponle una fecha de expiración; seguramente habrá tareas que tienes deseo de hacer, pero pocas ganas de ponerte en acción. Ponle una fecha de expiración no mayor a un mes y si al llegar esa fecha no has hecho nada, elimina la lista de tu mente y por ende de tu vida.

7. Establece un bloque para ejecutarlo: tanto para los pasos 5 y 6 establece un bloque para la ejecución, para aquellas cosas que toman menos de 5 minutos pon un bloque no mayor a dos horas.

8. Arranca por lo que sea más fácil de hacer: una vez tengas el listado y el bloque de tiempo establecido para ello, arranca por lo que sea más fácil de resolver. Aquí, en este caso puntual, el criterio de lo que sea más importante no es lo prioritario; empezar por lo más fácil te dará inercia y sensación de logro para luego ir por aquellas cosas más complicadas. Esta forma de llevarlo a cabo incluso te ayudará a reducir la lista más rápidamente.

9. Crea un espacio para apuntar nuevas cosas: dado que es un ejercicio que no termina, te recomiendo tener un sitio fijo donde recojas todas aquellas ideas, compromisos y cosas pendientes por hacer, para que sea más fácil de encontrar y puedas liberar tus pensamientos tan pronto se te ocurran.

10. Haz una revisión semanal para no acumular: a medida que vayas teniendo este hábito en tu vida, notarás cómo la lista se reduce y tendrás que hacer cada vez menos cosas. Hacerlo de manera semanal, incluso coincidiendo con la fase de planificación de la agenda, te ayudará a mantenerlo a raya.

11. Delega aquello que puedas delegar: apóyate en tu pareja, hijos, hermanos o amigos para realizar aquellas tareas en las que ellos también intervengan, dado que son tareas de baja concentración y fácil ejecución, no hay ningún problema si no se queda hecha exactamente como tú lo harías.

12. Comparte tu experiencia: no hay nada más constructivo y edificante que compartir con otras personas los cambios que experimentas; te libera y te anima a mantenerlo a largo plazo; además, si se convierte en un hábito ya incorporado en ti, puedes enseñar a otras

personas que tengan la necesidad de liberarse a que hagan lo mismo que tú.

"I will be back." **De la película** *Terminator*.

Capítulo 3. Desarrolla el sentido de la urgencia

El problema es que crees que tienes tiempo.

BUDA

En 1955, el escritor e historiador británico Cyril Northcote Parkinson publicó un artículo en *The Economist* donde hacía referencia, con algo de sátira, a la inevitable realidad de la expansión de la burocracia, independientemente de las variaciones en la cantidad del trabajo que debía hacerse, trayendo consigo otros apéndices, como la dilación, el arte de perder el tiempo y la ocupación de los espacios vacíos, lo cual ponía de manifiesto la terrible realidad de la falta de eficiencia en el servicio público administrativo.

Este hecho, que estaba basado en estudios e investigaciones de su propia experiencia en el servicio civil británico, le llevó a una sorprendente conclusión conocida como la ley de Parkinson, que señalaba que el trabajo se expande hasta llenar el tiempo del que se dispone para su realización.

Dicho de otra manera, cuanto más tiempo se tenga para realizar una tarea o proyecto, más tiempo habrá para que la mente divague y se planteen más problemas que antes no se veían. Cualquier parecido con la realidad en España o Latinoamérica en el servicio público es pura coincidencia.

Podemos palpar la realidad de tener cada vez más funcionarios, más burocracia, menos eficiencia y mayor mediocridad en la calidad de los servicios. Personas grises que ayudan a crear una mentalidad de ser servidos por papá Estado con un trabajo para toda la vida, con muchos beneficios, sin que esto implique un esfuerzo o mérito por parte del funcionario, en lugar de servir a las personas; pues, al fin y al cabo, es lo que se supone que son, servidores públicos. Yo mismo tuve la oportunidad de hacer mis prácticas durante un año dentro del servicio público y pude ver este mal desde dentro.

No digo que todos los funcionarios públicos actúen de la misma manera, hay personas que de corazón desean servir haciendo uso de sus dones y talentos en el servicio público, así que si eres funcionario público y estás leyendo este libro, no te sientas aludido ni te molestes conmigo; simplemente estoy compartiendo la realidad que lleva consigo la cultura burocrática que, aunque reconozco que es necesaria para que una sociedad funcione, no hace falta que sea tan amplia y que tenga tantas atribuciones sobre los individuos.

De hecho, he tenido alumnos funcionarios con un sentido de servicio invaluable, pero que dentro de esta cultura tenían que adaptarse al lento ritmo que les imponía la institución. Recuerdo un alumno que era inspector de Hacienda y me contaba en voz baja las cosas que tenía que aguantar dentro de su trabajo; me decía que lo mejor era no destacar, sino pasar desapercibido, ya que hacer más de lo que se esperaba podía poner en aprietos a los compañeros haciendo que produjeran más, lo cual, evidentemente, podía dejarle en una situación embarazosa, cuando en realidad debería convertirse en un ejemplo de eficiencia. Lo cierto es que ser eficiente en un sistema ineficiente puede alterar ese sistema, así que, este termina por expulsar a la pieza "defectuosa", y ¿cómo te vas a arriesgar a perder un trabajo para toda la vida?

Recuerdo que este alumno me contaba que uno de los proyectos que quería promover era la idea de enseñarle a los comerciantes de su zona, a través de talleres, cómo presentar su fiscalidad de manera correcta para evitar multas y sanciones a causa de los errores frecuentes que se presentaban por pura ignorancia. La respuesta por parte de la institución no tiene desperdicio. Fue inmediatamente llamado por su jefe para decirle que eso iba en contra de la idea de Hacienda, que era precisamente encontrar errores para poder multarles e incluso se les incitaba con el pago de bonos extra para aquellos que más fallos encontraran, cosa que, por cierto, está prohibida en algunos países de Europa, puesto que puede incitar a la prevaricación. En palabras de mi amigo, desde los ojos de Hacienda el contribuyente por definición es alguien que hace trampas y quiere robar al Estado. ¡Hágame el favor! Partiendo de esa premisa, ¿quién puede estar a salvo?

De hecho, recientemente me enteré de que existe un documental español llamado *Hechos probados*, que pone de manifiesto algunas injusticias y el desamparo de los ciudadanos ante la todopoderosa Agencia Tributaria, con testimonios de personas de peso como exdirectores generales de tributos y profesores de derecho tributario, que misteriosamente ha sido rechazada en todas las plataformas de *streaming* bajo la premisa de no querer meterse en problemas.

No deja de generarme escozor ver cómo esto es aceptado en nuestra sociedad de una manera tan normal que incluso esa sea la fama que merecidamente se han ganado.

Y estarás pensando: ¡vaya panda de ineptos y abusones! Pero y si te dijera que todos estamos sujetos a caer en la desidia, descuido o simplemente dejar de hacer, por muy productivos que seamos, ¿qué me dirías?

En el caso del funcionariado público podría entenderlo, la cultura burocrática tiene poder sobre el individuo, pero la realidad es que este es un mal que incluso acecha en las empresas privadas, las familias, al individuo. En general, como toda ley, aplica como una verdad absoluta sobre todo lo que toca.

En mi experiencia personal, solo he encontrado un hábito que pueda hacerle frente a la terrible realidad de despilfarro y desaprovechamiento que plantea la ley de Parkinson, algo que destaque la importancia de fijar plazos cortos de entrega y evitar así que el trabajo se expanda hasta el infinito de manera innecesaria.

Se conoce como el "sentido de urgencia" y es algo que podríamos describir como la decisión personal de buscar generar más en el menor tiempo posible. Que cada compromiso, proyecto, tarea u actividad se ejecute dentro del tiempo limitado que has destinado para ello y puedas incluso cada vez hacerlo más rápido y mejor aprovechando la curva de experiencia.

Desarrollar un sentido de urgencia no es sinónimo de hacer las cosas de manera apresurada, una yincana contrarreloj, con alto nivel de estrés que te ponga una presión innecesaria. De lo que hablamos es de incorporar un "chip", un cambio de mentalidad y actitud ante la vida, ser conscientes de que la única manera de generar cambios requiere de autoliderazgo para que las cosas realmente se hagan. Requiere tener la ambición para querer ser más efectivos en el uso de los recursos vs. los resultados obtenidos. Requiere no ser indulgente ante la lentitud, la mediocridad, el desperdicio y la vagancia. Requiere perseverancia y constancia, un poco como dice el adagio popular, "sin prisa, pero sin pausa".

Sé que el solo concepto de sentido de urgencia pueda resultarte desasosegante, pero déjame ilustrártelo mejor con varios ejemplos.

Mucha gente piensa que cuando mejor trabaja es la semana antes de vacaciones. Arde la intención de terminar todo lo que se pueda, todas las tareas pendientes, dejar el escritorio ordenado, revisar los cajones, se aprovecha el tiempo para revisar, cerrar, aclarar, renegociar acuerdos, marcarse objetivos, incluso decir no a nuevas tareas hasta el regreso. Es casi la misma sensación que alguien tiene al cambiar de puesto de trabajo o incluso al ser despedido. Se trata de finalizar dentro de un tiempo que apremia, de no dejar flecos sueltos y hacerlo de manera intensa. El sentido de urgencia es esto mismo pero aplicado cada día, en cada bloque de tiempo que puedas asignar en tu agenda.

Yo mismo podía ver cómo la aplicación de los tiempos límites en uno de mis antiguos trabajos como agente de aduanas era determinante; si le pedía al analista que hiciera una declaración de importación y que tenía una semana para ello, prepararla le tomaba una semana, pero si la misma declaración para el mismo cliente resultaba urgente y solo tenía dos horas para hacerla, ¿adivinas qué? Le tomaba dos horas; de ahí que mucha gente suele decir que trabaja mejor bajo presión; en realidad es el sentido de urgencia en todo su esplendor.

En 2010, cuando me fui a vivir a Londres para aprender inglés y hacer un MBA, uno de los primeros trabajos que tuve fue en un restaurante llamado Pret A Manger, ubicado en el barrio de Putney. Mi escaso dominio del idioma inglés me obligaba a tener que desempeñar trabajos muy básicos, haciendo sándwiches y *baguettes* de lunes a viernes de 6:00 a 10:00 durante casi un año.

Pret fue toda una experiencia, no solo porque me permitió acelerar mi aprendizaje del idioma, sino por su cultura de innovación, sistematización de procesos y servicio al cliente impresionante en sus más de 450 tiendas a lo largo de 9 países hoy en día.

Cada mañana al llegar teníamos un *team brief* de 15 minutos donde se hablaba del plan del día (menú, el equipo, el sándwich y la sopa del día entre otras situaciones cotidianas de la tienda). A continuación, nos entregaban una hoja con todos los sándwiches que tenían que ser elaborados, con número de unidades y tiempos para alcanzar el objetivo dentro de lo esperado. Estaba cuantificada la duración de elaboración de cada sándwich y se proyectaba el tiempo en función del número de sándwiches que tuviera que hacer. Las palabras clave antes de empezar siempre eran las mismas: "sense of urgency" y "chop chop".

Claro, al principio durante las primeras dos semanas, fue complicado cumplir con los tiempos, lo cierto es que no alcanzaba a cumplir con el estándar y tenía que plantearle al líder con un vergonzoso inglés dónde se me presentaba la mayor dificultad, ya que había sándwiches que eran más complicados de preparar que otros. A base de práctica y pequeños trucos, no solo llegué a cumplir con los tiempos, sino que además terminé especializándome en los más complicados; las *baguettes*, haciendo que me quedará tiempo de sobra para practicar más el idioma hablando con mis compañeros. Es ahí cuando digo a modo de broma que pasé de ser ingeniero administrativo a ingeniero sandwichero.

La curva de experiencia jugaba a mi favor, pero el chip del sentido de urgencia lo desarrollé apoyándome en los hábitos del foco, la acción masiva y el modo Terminator, y desde entonces está presente en cada cosa que hago.

Cuando dispones de **claridad en el objetivo, habilidad para llevarlo a cabo** y **fechas límites retadoras**, cuentas con los ingredientes para incorporar este hábito en tu vida.

Así que aquí tienes otro hábito de ultraproductividad y de alto rendimiento para la gestión de tu negocio. Desde mi punto de vista, la clave está en trabajar dentro de los bloques este hábito y que en lugar de pensar que tienes un día de 8 horas de trabajo, pienses que en realidad tienes un bloque de dos horas para el proyecto x; eso te permitirá ir a mayor velocidad y evitar que se introduzcan las distracciones.

En cierta ocasión hice un curso creado por Jim Kwik, experto en lectura rápida. Explicaba cómo era posible lograr un 100% de comprensión de lectura haciéndolo 5 o 6 veces más rápido del nivel que tienes ahora. Ilustraba la habilidad con un piloto de la fórmula uno; a mayor velocidad, incluso alcanzando hasta 350 km por hora, mayor capacidad de foco (casi en modo túnel) y menor posibilidad de caer en distracciones externas. En cambio, si una persona va a

30 km por hora, puede mirar el móvil, escuchar música, hablar con otra persona, hacer una llamada, maquillarse y quién sabe cuántas cosas más.

Leer rápido, según explicaba Jim, era exactamente lo mismo. Si vas más rápido puedes quedarte con el mensaje claro, ya que no hay espacio para las distracciones. Si vas lento te diluyes, pierdes la concentración, se te cansa la vista, se te cruzan las líneas y terminarás frustrado diciendo que no tienes tiempo para leer.

En conclusión, desarrollar un sentido de urgencia no significa emprender un camino queriendo hacer las cosas rápidamente, yendo con la "lengua afuera" todo el tiempo; significa tener muy claras tus prioridades y enfocarte en ello cada día, en cada bloque, con tal intensidad y nivel de compromiso que tu yo futuro se sienta orgulloso de lo que hace tu yo presente.

Tampoco significa ir en piloto automático con el mando a distancia listo para aumentar la velocidad en las partes aburridas y llegar a la parte más entretenida y satisfactoria del éxito profesional, para darte cuenta al final que se trataba más de masticarte la vida con todo lo que esta conlleva, que tragártela a trozos y no haber sido consciente de los pequeños y profundos momentos que la llenan, como en la película *Click* de Adam Sandler, la cual recomiendo que veas.

Significa estar más como Justin Timberlake en la película *In time*, siendo consciente de que el tiempo corre como un contador que se ha puesto en marcha con una cuenta regresiva que, a diferencia de la ficción, nosotros no sabemos cuándo termina, pero sí sabemos que nuestra verdadera riqueza la podemos medir en función del tiempo que nos queda y cómo lo aprovechamos ganándole tiempo al tiempo, eliminando toda la grasa y quedándonos con la parte magra, viviendo cada día como si fuera el último, lo cual, por cierto, algún día será verdad. Ese es el sentido de urgencia por amar, vivir, aprender y dejar un legado.

Tu *checklist* para generar el sentido de urgencia

Claridad en el objetivo:

1. Define con exactitud cuál es la tarea en la que te enfocarás; antes de ponerte en ello piensa qué resultado quieres obtener al tomar acción.

2. Ten presente la motivación, cuál es el porqué de lo que haces; esto te ayudará a mantenerte a flote incluso aunque te invada la pereza.

3. Ten claro el "paso siguiente" para que una vez termines la tarea sepas qué es lo próximo en lo que estarás avanzando.

Desarrollo de la habilidad:

4. Aprovecha la curva de aprendizaje que te ayudará a ser más efectivo y rápido en la ejecución de las tareas. En este paso, en función de lo hábil que te vayas volviendo, puedes acortar el tiempo destinado para ello o incluir otras actividades relacionadas, manteniendo el mismo tiempo.

5. Aparta 5 minutos antes de empezar o al finalizar la tarea para pensar, investigar cómo puedes hacer mejor y más rápido la tarea que estás realizando; aquí puedes implementar sistemas y plantillas que te ayuden a reducir el impacto de las tareas repetitivas.

6. Pide *feedback* permanentemente a alguien que tenga experiencia o conocimiento del tema para saber si tu desempeño está dentro de lo normal; esto te ayudará a tener un punto de referencia más afinado que tu propio criterio.

Marcar límites:

7. Busca la franja horaria en la que mejor te desempeñes para que puedas ejecutar la roca sin dilación y con la mayor energía posible.

8. Establece un *break* durante la ejecución, ya que la intensidad mantenida durante demasiado tiempo no es saludable ni inteligente, puedes hacerlo cada cambio de bloque o con la técnica Pomodoro de cada 25 minutos. Pero recuerda, aquí hablo de desarrollar una actitud y no vivir, ni trabajar permanentemente en ese estado de urgencia; sería insostenible y solo es aceptable en situaciones de crisis o proyectos claves.

9. Mantén un reloj a la vista o si lo prefieres una alarma para que te indique el momento en el que el bloque ha terminado. De esta manera evitarás confusiones y quitarle tiempo a la siguiente tarea que tienes agendada.

10. Para las tareas nuevas, lleva un registro de manera que puedas valorar el tiempo que te toma y te permita hacer una mejor planificación y asignación de límites de tiempo.

El sentido de urgencia despertará tu capacidad de ponerte en acción, estar enfocado y terminar lo que has empezado.

Capítulo 4. Cómo modelar para lograr la excelencia

> Nuestra principal tarea en la vida es encontrar a alguien que nos obligue a llegar a donde debemos ir.
>
> RALPH WALDO EMERSON

Si somos capaces de marcarnos objetivos, tomar foco, acción masiva, estar en modo Terminator y además desarrollar el sentido de urgencia, lo que le faltaría a este set de hábitos de alto rendimiento para la gestión empresarial sería evaluar cómo lo estamos haciendo, teniendo como referente nuestro propio desempeño y el de otras personas que sean líderes en aquello que estamos perfeccionando.

En el ámbito del desarrollo personal se conoce como el modelaje y en *marketing* se le conoce como *benchmarking* y todos tenemos la posibilidad de mejorar nuestro desempeño a través de este hábito, lo cual es totalmente legal y recomendable.

Veamos un par de definiciones básicas de cada uno:

Modelaje: estudio de los aspectos que hacen exitosa a una persona, basado en sus pensamientos, creencias, hábitos, comportamiento y actitudes para ser sobresalientes en una actividad o profesión.

Benchmarking: según Casadesús, M. (2005), comparación y búsqueda de buenas prácticas de las diferentes empresas, plantas o unidades del propio sector o con empresas diferentes.

Así que, en nuestro caso personal, buscaremos aspectos tanto para diferenciarnos o para extractar de allí ejemplos aplicables a nuestra vida. Revisar nuestros fallos y compararnos con aquellas personas que son extraordinarias en aquello que hacen es una práctica poco fomentada pero importante para aquellos que quieren tener un desempeño excepcional.

El problema con la comparación es que el sistema educativo tradicional nos enseña que copiar a otros está mal y se castiga por ello al alumno. Esta práctica de no comparar para ver cómo vamos se ha quedado en nuestra mente y esto explica por qué muchas personas fracasan en muchos aspectos de su vida, cuando podrían tomar ejemplo de personas que han sido líderes en ciertas áreas.

Es una pena, porque estoy convencido de que por cada problema o dificultad que tenga una persona en la vida ya existe alguien que lo ha padecido y probablemente haya escrito un libro compartiendo cómo lo solucionó.

Quizá, puede ser que la comparación pueda llevarnos a desarrollar una actitud competitiva que, mal gestionada, puede llevar a tener complejos de inferioridad o superioridad y que la envidia que corroe nuestra estabilidad emocional termine generando un efecto nefasto de nunca estar contento con lo que tenemos o hemos logrado, ya que siempre habrá alguien mejor.

No es este el tipo de modelaje al que me refiero, hablo de hacer acopio de estrategias, tomar prestadas de otros las mejores prácticas e implementarlas en mi vida personal quedándome solo con lo que funcione en mi caso personal; se trata de innovar constantemente copiando y mejorando a través de elementos diferenciadores. Como bien ha hecho el autor Francisco Alcaide en su libro *Aprendiendo de los mejores*, a quien tuve la oportunidad de entrevistar en mi *podcast Marca Profesional* y quien resulta totalmente inspirador, con la forma de absorber y poner por escrito de manera magistral pepitas de conocimiento y sabiduría de las personas más exitosas que han pisado el planeta Tierra. Francisco parte de la base de que modelar en sí mismo es un proceso de desarrollo personal y que es este desarrollo el que debería convertirse en nuestro destino, poniendo de manifiesto que nunca terminaremos de aprender como seres humanos y que el crecimiento indefinido debería ser una constante en nuestra vida.

Por otra parte, es importante que tengas en cuenta que el principio para el modelaje enseña que el nivel de desempeño de una persona en sus etapas de inicio estará por debajo del rendimiento de aquel a quien modela. Por ejemplo, si modelas a una persona que es buena haciendo lo que hace, tu rendimiento será regular. Si modelas a alguien muy bueno, tu rendimiento será bueno. Y si modelas a alguien que es excelente, tu rendimiento será muy bueno...

La pregunta que nos hacemos aquí es: si cuando modelas a alguien que es excelente tu rendimiento es muy bueno, ¿qué tenemos que hacer para llegar a la excelencia? Te lo explicaré en el siguiente hábito.

Gráfica de modelaje para la excelencia
MODELAR

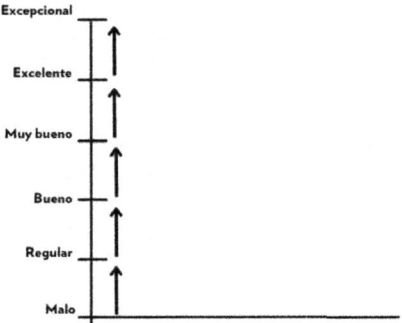

En esta gráfica quiero ilustrarte cómo se realiza el proceso natural del modelaje, yendo desde lo malo hasta lo excepcional y cómo se espera el desempeño en función de a quién o qué modelemos.

Tu *checklist* de modelaje para la excelencia

1. Define tus áreas de mejora: para que podamos mejorar necesitaremos primero definir cuáles son nuestras áreas de mejora y empezar por aquellas que sean claves para sacar nuestro proyecto adelante. Mi recomendación es que empieces con dos áreas máximo y vayas cambiando cuando ya las tengas dominadas.

2. Define tus personas u organizaciones de referencia: lo siguiente requiere poner el radar en personas u organizaciones que sean realmente ejemplo de aquello que predican para que puedan servir de referentes. Solo enfoca tu energía en personas u organizaciones top, que sean excepcionales. En este caso puedes escoger tres

personas cercanas que conozcas o líderes de los que puedes consumir información por libros, vídeos, audios, etc.

3. Define por escrito un plan de seguimiento acerca de aquello que quieres mejorar: una vez identificada el área de mejora y la persona de referencia, se hace indispensable marcarse un plan de seguimiento para saber si realmente estamos teniendo los resultados que buscamos. Ese plan es donde se lleva un registro por escrito de aquella área que queremos mejorar y cuáles han sido los avances. Yo suelo llevar un Excel que me ayuda a hacer un seguimiento semanal.

4. Haz un proceso de inmersión: enfoca tu aprendizaje solo en ese tema concreto, por ejemplo, si lo que quiero aprender es de *marketing online*, todo lo que leas, escuches y veas estará orientado a ese tema durante un tiempo determinado; así es como puedes sitiar tu mente, incluso puedes complementarlo enseñando tus aprendizajes a otras personas para apropiarte de los conceptos.

5. Establece hitos: determina el tiempo que estarás trabajando en este nuevo hábito. Mi recomendación es que sea como mínimo durante tres meses.

Para llegar a la excelencia debes modelar a aquellos que son excepcionales en lo que hacen; con el tiempo te convertirás en uno de ellos.

Capítulo 5. Cómo incrementar tu estándar para la excepcionalidad

Sin trabajo no hay talento excepcional ni genios.

DIMITRI MENDELÉYEV

Se dice que la frecuencia con la que hacemos una actividad y el número de horas de práctica deliberada que le dedicamos hace que nuestro rendimiento mejore de manera sustancial. Esto es un hecho y podemos comprobarlo solo pensando en aquellas cosas en las que nos consideramos a nosotros mismos verdaderamente competentes.

¿Estamos de acuerdo en que si eres realmente bueno en algo es porque le has dedicado un número considerable de horas?

La regla de las 10 000 horas de "práctica intencionada" se basa en la investigación del psicólogo Anders Ericsson y poco después se hizo famosa en 2008 en el libro *Outliers* de Malcolm Gladwell. Anders estudió a un grupo de alumnos de música e investigó el motivo de por qué algunos alcanzaban la excelencia mientras otros no lograban salir de la mediocridad. La conclusión fue evidente y sin lugar a duda: la brillantez procedía del esfuerzo permanente de los alumnos. Cuantas más horas dedicadas a la perfección de esa habilidad, mayor nivel de excelencia. Lo que lleva a pensar que no se trata solo de talento innato, también hace falta constancia.

Acompañar el modelaje con pequeñas mejoras en cada uno de los pilares de nuestra vida, actos o intenciones permitirán que, además, con la "práctica deliberada" vayamos incrementando nuestro rendimiento estándar y nos convirtamos en personas excepcionales; así que tanto modelando a personas excepcionales como incorporando pequeñas mejoras cada día es como pasamos de la excelencia a la excepcionalidad.

La buena noticia es que para realizar mejoras constantes no tenemos que hacer esfuerzos desproporcionados, sino que podemos aplicar la regla de los 2 mm, esos dos milímetros que nos ayudan a incrementar el estándar cada día en cada momento.

La mala noticia es que incrementar el estándar a veces duele y hace que queramos no hacerlo. Lo cierto es que para que haya un verdadero crecimiento, es vital que permanentemente estemos rompiendo hitos y esquemas y estableciendo con cierta periodicidad un nuevo estándar.

Piensa en lo que pasaría si fueras al gimnasio a levantar pesas y después de varias semanas no hicieras incrementos graduales… tu músculo se acostumbraría y no se alcanzarían a romper los tejidos que se tienen que romper, para que al reconstituirse se regeneren más fuertes y grandes. En nuestro mejoramiento personal es igual, necesitamos tener pequeños momentos de "dolor" para expandir nuestro rendimiento gradualmente.

Subir esos dos milímetros es lo que marca la diferencia incluso entre leyendas de deportes de élite. Imagina cómo hubiese sido el rendimiento de Tiger Woods si no le diera a la bola justo en el punto indicado donde debe dar el golpe. Hay mucho entrenamiento para conseguir esos 2 milímetros de diferencia. Imagina a Usain Bolt, la diferencia en tiempo durante la carrera entre el primero y el segundo lugar, otros 2 milímetros de diferencia. Estos mismos 2 milímetros están en nuestras emociones y nuestro estado de ánimo, se dice que físicamente nuestro cuerpo convierte los estímulos psicológicos para sentir las emociones negativas en el pecho, un vacío poco debajo del esternón. Pero ¿adivina qué? Los sentimientos de felicidad se encuentran un poco más arriba, solo a 2 milímetros de la tristeza y el dolor. Interesante, ¿no?

Permíteme ilustrarte cómo se puede incrementar el estándar con situaciones en la vida cotidiana. Hace algunos años conducía un coche Citroën Sara Picasso modelo 2000; el coche iba muy bien, pero estaba muy viejo, era mi primer coche y la verdad yo estaba un poco apegado a él, aunque su rendimiento me hiciera llevarlo al taller con mucha frecuencia. El mecánico era buena gente y siempre noté honestidad en el servicio.

Llegó el momento de hacer el cambio del coche y en esta oportunidad lo haría por el auto de mis sueños, algo más grande, más moderno y de marca alemana. Estaba muy contento por ese cambio y el último día que llevé el Citroën al mecánico me despedí de él, ya que no pensaba llevar mi coche nuevo a un taller multimarcas, sino al taller oficial de la marca. Me despedí obsequiándolo con una botella de vino y dándole gracias por todo.

El día que retiré el coche del concesionario pretendía salir de viaje en compañía de mi familia para estrenar nuestro nuevo logro, el problema es que cometí el error de repostar con el combustible equivocado, ya que en lugar de poner gasoil le puse gasolina y me di cuenta justo cuando la máquina se paró con el tanque lleno. *Oh, my God!*

Me dijeron que no lo encendiera y que llamara inmediatamente a la grúa para llevarlo al taller y sacarle el combustible; el problema es que eran casi las 7 de la tarde y no había un sitio donde pudiera llevarlo y que me lo devolvieran de inmediato para continuar con nuestro viaje.

Me acordé de mi antiguo mecánico y lo llamé, y al responder, me dijo que ya había cerrado el taller. Sin embargo, al acordarse de mí decidió volver desde su casa, abrir el taller y purgar el coche, y no solo eso, le puso gasoil para que pudiera llevarlo a la gasolinera y emprender mi viaje. Nunca olvidaré ese gesto tan generoso. Para mi sorpresa, cuando me despedí de él dándole las gracias, me dijo: "Nada, Fabián, gracias a ti por ser tan amable; te felicito por tu nuevo coche y con clientes como tú vale la pena trabajar, no todo el mundo viene y trae una botella de vino por hacer mi trabajo."

¿Te lo puedes creer? Una pequeña inversión de tiempo y de dinero genera un gran efecto en una persona. Esto es una forma de incrementar nuestro estándar, haciendo un poquito más de lo que se espera, y es la invitación que quiero hacerte para incrementar tu estándar.

Otros ejemplos de llevar el incremento del estándar en nuestra vida cotidiana que nos pueden servir para mejorar son:

- Si estás escribiendo un libro, al acabar lo que te habías propuesto, deja escrito unas líneas del siguiente capítulo.
- Si vas al gimnasio, haz una sesión más de entrenamiento físico en tu rutina.
- Manifiesta tu agradecimiento en circunstancias donde no parezca necesario.

Gráfica de incremento de estándar
INCREMENTAR EL ESTÁNDAR

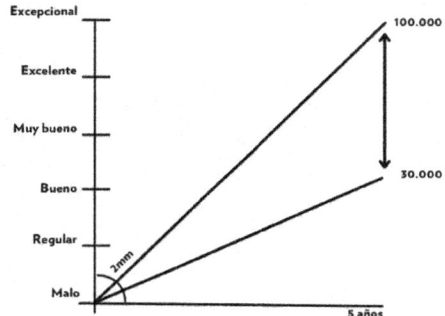

En esta gráfica observarás que en el proceso de modelaje que describí anteriormente pequeñas mejoras pueden tener un efecto sorprendente en los resultados a largo plazo.

Sin embargo, en una vida promedio, aunque no hagas nada, la tendencia es que por el simple hecho de que el tiempo pase y en el camino de la vida comentas errores y aciertos, es probable que termines convirtiéndote en una persona más sabia o por lo menos más madura, pero probablemente esa actitud pasiva o esa sabiduría "accidental" no te lleve a ese lugar que en realidad desees llegar; digamos que quieres llegar a la excelencia a nivel personal y profesional, pero la realidad es que no pasarás de ser simplemente bueno en lo que sea que hagas.

Lo cierto es que existe una brecha amplia entre ambos puntos; sin embargo, si te fijas con detalle, es en el punto de origen de estas dos líneas donde debemos ver la brecha, donde las pequeñas acciones de 2 milímetros son las que marcan la diferencia. Según la teoría del caos, algo tan sutil como el hecho de que una mariposa mueva sus alas, podría convertirse en la causa de un tornado en otra parte del mundo. Por supuesto, sabemos que no guardan una relación directa, pero el mensaje con el que quiero que te quedes es que seas consciente de que la suma de todas estas pequeñas mejoras tendrán inevitablemente un efecto exponencial que dirige tu vida en una dirección completamente diferente, tanto para bien como para mal.

Imagina tu vida con la incorporación del hábito de mantenerte enfocado, en modo Terminator, con sentido de urgencia y modelando y mejorando constantemente, todo esto enmarcado en tu agenda personal, mejor aún si se trata de una agenda de cuarta generación. Te digo que tu vida cambiaría a pesar de ti.

Antes de pasar al siguiente capítulo me gustaría proponerte un ejercicio que se llama "la mano que crece".

Te voy a pedir que juntes tus manos como si fueras a aplaudir, partiendo desde la línea que hay entre el antebrazo y donde empieza la mano, estirando los dedos cuanto puedas cada uno sobre el dedo similar, pulgar sobre pulgar, índice sobre índice, y así sucesivamente.

Notarás que hay una mano que es 2 milímetros más pequeña que la otra, si aún no lo ves vuelve a separar los dedos y a juntarlos siguiendo el proceso que te expliqué anteriormente.

Una vez tengas identificada la mano más pequeña, sepárala de tu otra mano y quiero que le digas con convicción y decisión la siguiente instrucción repetidamente durante ocho veces: ¡Mano, crece!

Vuelve a juntar las manos y mira qué ha pasado. Te pregunto: ¿qué puedes aprender de este ejercicio?

Lo cierto es que parece un truco de magia, pero en realidad lo que ocurre es un efecto psicológico que muestra el poder de la determinación para incrementar nuestro estándar.

Ahora, como no podía ser de otra manera, te dejo mis últimas recomendaciones para incorporar este hábito en tu vida.

Tu *checklist* para incrementar tu estándar

1. Busca un mentor: el acompañamiento por parte de una persona más experimentada que tú te permitirá mejorar en aquellos puntos ciegos de los que no eres consciente. Un mentor puede ser una persona que conozcas, algún curso que compres o alguna persona que contrates; mi recomendación es que verifiques que esa persona tiene una experiencia probada y ha obtenido ya el resultado que tú quieres obtener.

2. Crea un *mastermind*: según el gurú motivacional Jim Rohn, somos el promedio de las 5 personas con las que más tiempo pasamos, así que rodéate de personas que estén en función de tus mismos intereses u objetivos, para que no te sientas solo en el camino y puedas aprender de la experiencia de otros.

3. Aumenta gradualmente la inversión: a medida que vayas avanzando, mi recomendación es que incrementes el tiempo o el esfuerzo que dediques a la incorporación de esa nueva competencia. Se hace complicado al principio, pero ya verás cómo la curva de aprendizaje jugará a tu favor.

4. Aplica lo aprendido paralelamente: no esperes a terminar tu proceso de modelaje e incremento de estándar para empezar a aplicar lo que has aprendido. Te recomiendo que por cada semana de aprendizaje dediques al menos otra semana de aplicación, es la mejor manera de incorporar los conceptos y decir de verdad que lo dominas.

5. Genera el mejor estado de ánimo: sería imposible incorporar nuevos hábitos si no existe una buena disposición para ello. Anthohy Robbins dice que "motion creates emotion", el movimiento crea emoción. Un ejercicio práctico que puedes hacer a diario para mejorar tu estado de ánimo consiste en dar saltos durante un minuto para activar tu sistema linfático y calentar tu cuerpo, de esta manera estarás con un mayor nivel de receptividad para trabajar.

Nos hacemos realmente competentes en algo cuando entrenamos de manera deliberada, modelamos a alguien excepcional y hacemos pequeñas mejoras en el camino.

Puntos de enfoque
Parte 1. Hábitos y rituales contigo mismo

1. El hábito de poner foco y tomar acción masiva te permite lograr intensidad en los objetivos.
2. El modo Terminator te ayudará a tener la mente clara y no abrir nuevos frentes antes de acabar lo que has empezado.
3. El sentido de urgencia te permitirá tener un desempeño superior en cada cosa que hagas y evitará el desaprovechamiento de tiempo.
4. Modelar a los excepcionales te ayudará a alcanzar la excelencia en lo que hagas.
5. Hacer mejoras pequeñas te permitirá convertirte en un profesional excepcional.

Capítulo 6. 40 buenas prácticas de alto rendimiento contigo mismo

No hay nada más personal que la productividad personal; por eso, antes de implementar cualquier técnica o herramienta de alto rendimiento contigo mismo, necesitas identificar cuál es tu estilo de vida y, una vez lo tienes claro, puedes adaptar lo que mejor encaje en tu vida, tu desarrollo espiritual, mental y cuidado de tu salud.

Empecemos por el principio, para ser más productivos y hacer una gestión de alto rendimiento, antes de comenzar por los demás o nuestro entorno, necesitamos trabajar aquello en lo que más podemos influir, es decir, nosotros mismos.

Si tuvieras que construir una casa, lo primero por lo que tendrías que empezar serían los cimientos y los pilares; cuando hablamos de productividad esos cimientos tienen lugar cuando se despierta la consciencia acerca de lo que haces con tu tiempo y, una vez te cuentes la verdad, puedas diseñar un set de hábitos que te permitan incorporar las técnicas y herramientas que mejor se adapten a ti.

Los cimientos de tu productividad son tus hábitos y los pilares para mantenerlos firmes tienen que ver con:

1. Cómo establecer hábitos y nuevas rutinas.
2. Cómo cuidar tu vida espiritual.

3. Cómo fortalecer tu desarrollo personal.
4. Cómo cuidar de tu salud y tu cuerpo.

El objetivo de este apartado es extractar y resumir aquellas pepitas de oro que quizá se te hayan pasado por alto en los capítulos anteriores. Busca darte un kit o guía de consulta inmediata con 40 ideas de fácil aplicación para ti; algunas te resultarán familiares porque hemos hecho referencia a ellas en otro capítulo, otras serán complementarias y otras completamente nuevas y revulsivas.

A continuación, voy a darte cuarenta buenas prácticas, diez por cada uno de los cuatro pilares, para que elijas cuáles serían las más beneficiosas para ti, las incorpores en tu día a día y puedas darle a tu vida un verdadero *booster*.

Cómo establecer hábitos y nuevas rutinas

1. **Establece un listado de "áreas de mejora".**
   Dicen que el ser humano es un "animal de costumbres", lo cierto es que seguramente tienes hábitos incorporados en tu vida de los que quizá no eres consciente. La pregunta es, ¿te limitan o te empoderan esos hábitos? La respuesta la puedes constatar en tus resultados; si no te gusta lo que ves, probablemente tengas que cambiarlo por un nuevo hábito.

   - Clave práctica: diseña un reto de 7 días en algo que quieras mejorar (leer, hacer ejercicio, meditar, etc.) y lleva un diario donde puedas analizar el proceso. Se trata de probar e ir prolongándolo durante una semana más, hasta que sientas que lo controlas.

2. **Crea detonadores o *triggers*.**
   Si te cuesta ponerte en marcha para iniciar alguna actividad (levantarte temprano, salir a hacer ejercicio, comer saludable,

leer frecuentemente), necesitas preparar el entorno para que esas actividades puedan darse de una manera más fácil o accesible. Encadenar tareas de manera que una cosa lleve a la otra, te ayudará a adquirir un ritmo y alejarte de la desidia. Por ejemplo, si quieres levantarte temprano, aleja el despertador de tu cama, de manera que tengas que ponerte de pie, pon el teléfono cerca al baño para que te eches agua en la cara, cepilla tus dientes y así sucesivamente...

- Clave práctica: crea una secuencia de actividades para el hábito que quieras incorporar de manera que te obligue a pasar de una a otra en modo *in crescendo*.

3. Traza horarios fijos.
La madre de cualquier hábito es la repetición, pero para que esa repetición se consiga de manera sostenida, hay que definir con antelación la hora y los días en los que esa actividad se hará. Si quieres bajar de peso, recuperar tus relaciones de amistad, avanzar en tu nueva idea de negocio... necesitas fijar todos los días a la misma hora la ejecución de esa tarea.

- Clave práctica: bloquea con anticipación el horario donde establecerás ese nuevo hábito. Ejemplo: hacer ejercicio, define de lunes a viernes de 8:00 a 9:00 ir al *gym*.

4. Fija plazos con fechas concretas.
Es fundamental que puedas poner fechas a tus objetivos, de esta manera podrás crear un estrés positivo que te permitirá moverte hacia delante. Cíñete a esas fechas como si se tratara de cumplir un compromiso con alguien más. Estas fechas serán tus puntos de referencia para valorar si vas bien encaminado y si conseguirás tus objetivos en el tiempo previsto.

- Clave práctica: parte el año en 4 trimestres, los trimestres en meses y los meses en semanas, la idea es evaluar los avances de manera semanal, mensual y trimestral.

5. Marca objetivos diarios.
Cuando tienes objetivos tan grandes y no encuentras por dónde empezar, una buena forma de ponerse en marcha y no dejarlo para después es trocearlos de manera tal que puedas asignar tareas concretas para ese objetivo; esto te permitirá concentrarte y estar enfocado.

● Clave práctica: cada día, antes de empezar, escribe o fija en tu mente qué debe quedarse hecho antes de acabar el día. Recordarlo te ayudará a alinearte y saber por dónde empezar.

6. Anticípate al día siguiente.
Toma 10 minutos antes de finalizar cada día para preparar el material o lo que necesites para empezar el día siguiente. Esto te permitirá empezar con un fin en mente y te permitirá hacerle mantenimiento a la incorporación del nuevo hábito. Ver las tareas con una perspectiva de anticipación te permitirá tener una sensación de control y manejo que te hará ver el bosque en lugar de ver solo el árbol.

● Clave práctica: pregúntate, ¿qué necesito para iniciar estas tres actividades mañana?

7. Evalúa semanalmente tus resultados.
Stephen Covey llama a este ritual "afilar la sierra". Tener la capacidad de ampliar la perspectiva diaria a una semanal te dota de habilidades para ser más planificador, tener mayor capacidad de planificar, mayor facilidad para actuar.

● Clave práctica: dedica una hora los domingos a revisar tus objetivos y plazos, con el fin de ver tus avances y planificar la semana siguiente. Esta evaluación puede ser cualitativa y cuantitativa.

8. Sé puntual.

Como parte de tu estilo de vida, deberías incorporar o mantener el hábito de ser puntual. Siempre, sin importar la ocasión, llega a tiempo a las reuniones, aunque sean familiares, incluso si se trata de hacer una llamada, si dices que llamarás a las 14:00 que no sea a las 14:15. Incorporar un hábito nuevo en tu vida requiere que te cuentes la verdad y seas honesto contigo mismo. No llegues tarde a las citas más importantes, es decir, aquellas que son contigo mismo.

- Clave práctica: adelanta todos tus relojes 10 minutos o pon alarmas que te digan el tiempo máximo que tienes disponible.

9. Lleva una agenda.

El solo hecho de incorporar una agenda en tu vida hará que las actividades que antes parecían dispersas en tu cabeza empiecen a cuadrar en días y horarios concretos. Confiar en tu memoria no solo hará que se te olviden cosas, sino que te saturará e incluso bloqueará mentalmente. Llevar una agenda te permitirá visualizar cómo está compuesta tu semana y saber con antelación los espacios de tiempo disponibles que tienes para dedicar a otras actividades y compromisos más placenteros.

- Clave práctica: consigue un calendario o agenda de papel que te ayude a plasmar por escrito los compromisos, reuniones y tareas. La idea es que tengas algo donde escribir para que puedas sacarlo de tu cabeza.

10. Cuéntalo a otras personas.

Cuando compartes aquellas cosas que quieres realizar con otras personas, de manera inconsciente estás adquiriendo un compromiso moral. En esto se basa el trabajo que se realiza con un mentor o grupos de *mastermind*, en crear la sensación de rendición de cuentas para que esto te impulse a realizar aquello en lo que te has comprometido. Es llevar la "carga" de tener que ejecutar ese compromiso.

- Clave práctica: haz un listado de personas (dos o tres) con las que quieras compartir ese nuevo reto y cuéntales tu intención y el tiempo que tienes pensado para ello. Luego vuelve a contactarlos para informar acerca de tus resultados. Nota importante: cuidado con la información que compartes y a quién se la compartes.

Cómo cuidar tu vida espiritual

1. Acepta un poder superior.
Reconocer un poder superior es difícil en un mundo cada vez más incrédulo, someter la propia vida a cualquier cosa que no sea la voluntad personal podría ir en contra de cualquier visión realista y pensar en algo más grande e intangible podría parecer ingenuo. No creer en Dios suele ser la objeción más común, incluso podrías afirmar que desde el punto de vista científico no hay pruebas de que exista un poder superior.

Aceptar un poder superior tiene que ver más con la rendición que con Dios. Es soltarnos, dejarnos ir en un plano más profundo de aceptación, tener fe, admitir que hay algo más grande que tú es un avance importante. Entiendes que no eres todopoderoso, que no tienes siempre el control (por cierto, nunca lo has tenido).

- Clave práctica: toma un momento del día para quejarte y liberar tensiones, luego acepta las cosas tal y como son. Haz las cosas como si dependieran de ti y confía como si todo dependiera de Dios.

2. Madruga.

Se ha vuelto tendencia el hecho de levantarse más temprano con el fin de tener más tiempo. Esto, aunque en principio es verdad, ya que menos tiempo de sueño significa más tiempo para otras cosas, tiene que hacerse de manera inteligente. Si levantarse más temprano significa ir como un zombi por falta de sueño, no tiene ningún sentido y puede incluso convertirte en una persona improductiva.

Robin Sharma en su libro el club de las 5:00 de la mañana plantea que, antes de empezar el día, busquemos desarrollar un set de hábitos que alimenten nuestro espíritu, nuestra mente y nuestro cuerpo. Él dice que levantarse temprano hará que "juegues con ventaja", con relación a otras personas que se despiertan más tarde. Lo cierto es que es una victoria personal conseguirlo, pero mejor ve paso a paso.

- Clave práctica: antes de pasar a determinar una hora para levantarte cada día, decide cuántas horas necesitas dormir; se dice que uno o dos ciclos de cuatro horas serían suficientes para un buen descanso. Recuerda, no es productivo madrugar si no viene precedido de un buen sueño. Para empezar, procura cada semana levantarte 30 minutos antes de lo usual y ve recortando 30 minutos cada semana hasta que consigas el horario ideal.

3. Pasa tiempo en el silencio.

Una de las ventajas que tiene el hecho de levantarse temprano es que el silencio y la oscuridad tienden a ser entornos favorables para conectarse con Dios. Si no eres creyente no te preocupes, este entorno también es favorable para lograr una conexión contigo mismo y te brinda la posibilidad de aclarar tus pensamientos. En la quietud y la calma tendremos un mejor estado de ánimo para buscar respuestas a nuestras inquietudes más profundas.

● Clave práctica: aparta 10 minutos cada día para contemplar el silencio, mirar por una ventana, tomar una respiración profunda mientras vas quitando el sueño de tus ojos.

4. Medita/ora.

Está demostrado que la meditación y la oración son herramientas que te ayudan a descargar mental y emocionalmente. Disponer de un mecanismo que te ayude a confiar a pesar de tus dudas e incertidumbres es una buena manera de empezar el día. Investigadores de la Universidad de Washington concluyeron que las personas que meditaban durante dos horas a la semana presentaban menos estrés, estaban más enfocadas y podían recordar mejor las cosas.

Martin Luther King decía que cuando tenía muchas cosas que hacer era cuando más tiempo necesitaba estar de rodillas en la oración. Esta es una perspectiva muy motivante viniendo de un líder que dejó huella en el mundo.

● Clave práctica: dado que la oración y la meditación pueden resultar al principio difícil de enfocar, te recomiendo tomar meditaciones guiadas de 5 minutos (puedes encontrar algunas en YouTube o Spotify).

5. Estudia textos sagrados.

Una de las maneras de cultivar una vida espiritual es con el estudio de textos sagrados (Biblia, Corán, Torá, etc.) y libros relacionados con la espiritualidad (estoicismo, curso de milagros, etc.). Estos libros son buenas fuentes de sabiduría para tener una cosmovisión del mundo y de una vida más significativa.

Si puedes añadir a estas lecturas interpretaciones de otros autores que se hayan tomado el trabajo de analizar en profundidad y dar una visión, puede ayudarte a entenderlas mejor y más rápido.

- Clave práctica: aparta 10 minutos al día para leer pequeñas cápsulas de sabiduría de cualquier libro o texto. Si eres lector de la Biblia o quieres empezar y no sabes cómo, te recomiendo la aplicación YouVersion, donde encontrarás cientos de estudios devocionales por temas y para múltiples necesidades. Este método de estudio devocional te permitirá tener un plan de trabajo en el que puedes ver tu progreso.

6. Memoriza citas y mensajes empoderantes.

Imagina que cada vez que en tu cotidianidad tengas una situación compleja que requiera echar mano de una visión superior de sabiduría puedes acceder a ella siempre que quieras con solo parar y pensar. La forma de lograr esto es memorizando algunas citas o frases empoderantes que te recuerdan y te reconectan con la fuente de sabiduría.

El tiempo que inviertas en aprenderte algunas citas será el tiempo que te evitarás en buscarlas nuevamente. Si lo piensas, sabemos aquello que recordamos y cómo lo recordamos para aplicarlo.

- Clave práctica: ten un par de frases enmarcadas o escritas en algún sitio donde puedas verlas y leerlas constantemente, esto te ayudará a memorizarlas. Serán pequeñas semillas que plantarás en tu mente y te permitirán ir cambiando tu visión con respecto a algún aspecto de tu vida que quieras mejorar. Otra opción es que puedas grabar tu propia voz y te escuches cada día haciendo estas declaraciones.

7. Planifica los horarios para tus rituales.

Una de las formas en la que puedes asegurarte de llevar a cabo los hábitos de oración y lectura es determinando por anticipado un horario en el que puedas fijar esos 30 o 60 minutos a la misma hora todos los días.

Te sugiero que sea lo primero del día para que logres conseguirlo, ya que una vez iniciado el día es más difícil que puedas incorporarlo en medio de la cotidianidad.

• Clave práctica: si has decidido madrugar, te invito a que los primeros 30 minutos antes de hacer cualquier cosa dediques 10 minutos a contemplar el silencio, 10 minutos para meditar y 10 minutos para leer algún texto sagrado. Lo ideal sería que lo pudieras extender hasta una hora para que esto se convierta en algo esencial en tu vida.

8. **Realiza excursiones o retiros para reconectar.**
Disfrutar de la naturaleza, el campo, explorar caminando por una montaña, caminar por la playa, pueden ser experiencias que nos ayudan a equilibrar nuestro estado de ánimo y darles a las preocupaciones la dimensión adecuada.

Siempre que te encuentres en una situación de apuro, gran preocupación, agobio o sensación de falta de tiempo, saca un espacio para cambiar de entorno. Esto te ayudará a reencuadrar tu visión y tomar un poco de oxígeno para seguir avanzando. Aquí lo que se busca es poder desenfocar para luego enfocar más nítidamente.

• Clave práctica: reserva como mínimo una hora una vez a la semana para estar en ambientes naturales (parques, las afueras de tu ciudad, el campo, etc.) y en soledad para liberar tu mente del día a día. Si puedes apuntarte a algún curso o seminario, por lo menos una vez al año, te ayudaría a reforzar la importancia que esto tiene para recuperar tu poder interior y energía física.

9. **Haz buenas obras.**
La Epístola de Santiago 2:14-17 dice que la fe sin obra está muerta. Básicamente, lo que nos trata de decir es que de nada

nos sirve cultivar una vida espiritual si eso no se ve reflejado en acciones concretas que vayan en beneficio de algo o alguien.

Una de las maneras en que podemos ver que nuestro tiempo está siendo bien invertido es que podamos influir con nuestras aportaciones de tiempo en otras personas. Evidentemente, una aportación económica, de recursos, también cuenta como una buena obra, pero en este caso hablamos de dar atención y tiempo.

- Clave práctica: apúntate en cualquier entidad u organización en la que puedas donar parte de tu tiempo como voluntario; podrías colaborar repartiendo alimentos dos horas al mes; esto no solo te ayudará a tener un sentido de propósito con tu tiempo sino que te permitirá influir positivamente en la vida de otras personas.

10. Sé agradecido.

Comprender que estamos en esta tierra de paso y que en la línea del tiempo y de la historia seremos solo un "soplo" nos ayuda a tener perspectiva adecuada de quiénes somos. Sin embargo, esta misma sensación nos debe ayudar a ser agradecidos por todo aquello que experimentamos para moldear nuestro carácter.

El agradecimiento no solo es una llave para desatar la abundancia en nuestras vidas, sino que nos permite aprender y crecer en el proceso. Ser agradecido con Dios, con la vida, con otras personas, con nuestros compañeros de trabajo, con nuestra pareja, nuestros hijos, nos permitirá aprovechar mejor aquellos momentos memorables y darles más significado.

- Clave práctica: haz una lista de 10 cosas por las que te sientes agradecido y si incluye alguna persona compártelo y exprésale tu gratitud. Nunca es tarde para decirlo y nada te garantiza que tendrás el tiempo suficiente para manifestarlo.

Cómo fortalecer tu desarrollo personal

1. **Ten un plan de desarrollo personal.**
Empezar con un fin en mente es uno de los hábitos del libro *Los 7 hábitos de la gente altamente efectiva*. Y de eso trata esta primera idea para fortalecer tu desarrollo personal. Si hay algo en lo que sí o sí debemos tener un plan es en nuestro desarrollo personal, no dejarlo a la deriva de lo que la vida nos vaya trayendo, reaccionando a cada cosa.

Se trata de tener una actitud de autoliderazgo que nos permita escoger cuáles son aquellas áreas de nuestra vida en las que queremos mejorar y tener mejores resultados y, una vez identificado, determinar cuáles son las acciones que vamos a tomar para mejorar y desarrollar nuestro trabajo.

- Clave práctica: escoge 4 habilidades o áreas de conocimiento en las que te gustaría profundizar cada año, parte el año en 4 trimestres y destina un trimestre a cada habilidad. En función de cada habilidad, define el material, cursos y contenido que necesitas para trabajar de manera enfocada y especializada.

2. **Plantéate un nuevo reto cada día.**
La idea de realizar cada día acciones que nos produzcan una sensación de dificultad o agobio te permitirá fortalecer tu capacidad de resolución y poder crecer y desarrollarte a nivel personal.

Busca enfrentarte a tareas poco placenteras; procura hacerlas a primera hora de la mañana en lugar de dejarlas al finalizar el día. Esta forma de encarar la jornada te permitirá ser más productivo, evitándote sentirte mal por haberlo dejado para más tarde o para otro momento (que es lo mismo que decir ningún momento).

- Clave práctica: cuando tengas una sensación de que se te revuelve el estómago o quieres dejarlo de lado porque no sabes cómo afrontarlo (esa reunión o esa llamada que debes hacer), actúa sin pensar y traiciona tus miedos con acciones; si conviertes esto en un hábito en tu vida, notarás cómo muchos de los miedos que tenías estaban solo en tu cabeza y que, en la práctica, no pasa absolutamente nada.

3. Empieza primero por lo más fácil.
Si eres de las personas que deciden darle un vuelco a su vida, pero no saben por dónde empezar, sea porque lo ves difícil o no tienes claro los pasos a seguir, procura empezar desde el lugar donde estás e ir avanzando gradualmente. No puedes ir del paso 1 al 10 en un solo intento, así que, si te cuesta ir del 1 al 2, empieza por el 1.1 y, de esta manera, empezarás a ponerte en acción.

La idea de comenzar por la tarea más fácil busca dar pie a ponerse en marcha y evitar la procrastinación. Si logras ver que poco a poco empiezas a tener pequeños resultados con pequeños esfuerzos, podrás ir ganando confianza y aumentando la dificultad.

- Clave práctica: haz un listado de las actividades que comprenden tu nuevo proyecto, ponles una duración y empieza por aquellas que toman menos tiempo. Esto te dará inercia y te permitirá avanzar y ganar confianza.

4. Lee a diario.
Hay una frase en inglés que dice: "if you want to be a leader, you should be a reader", algo así como si quieres ser un líder tienes que ser un lector.

Qué sería de nuestro desarrollo personal si no tuviéramos los libros como herramienta de cabecera y de consulta permanente. Los libros son, en realidad, la forma más económica de aprender de la experiencia de otras personas. Por cada reto o situación difícil que nos ocurra en la vida, siempre habrá alguien a quien ya le ha ocurrido, lo ha superado y, además, ha escrito un libro. Compra experiencia, compra libros.

- Clave práctica: dedica por lo menos 30 minutos al día (al iniciar o terminar el día) a leer sobre algún tema concreto que quieras mejorar.

5. **Suscríbete a *podcast* y canales temáticos.**
Una de las maneras de complementar tus lecturas especializadas es a través de las suscripciones a canales o *podcast* especializados.

- Clave práctica: escoge a dos líderes de opinión en el tema que quieras profundizar y de esta manera tendrás una fuente de información más objetiva. Busca que estas temáticas estén relacionadas con los libros que estés leyendo con el fin de desarrollar un proceso de inmersión o, dicho de otra manera, para que puedas "sitiar tu cerebro".

6. **Consume contenido audiovisual.**
La mayoría de las veces que pensamos ver una película o una serie, pensamos en una forma de ocio o incluso de perder un poco el tiempo. Lo cierto es que esto no tiene por qué ser así y si hacemos los deberes podremos encontrar en el cine una vía amena y entretenida de aprendizaje.

Otra forma tradicional y cada vez más usada es consumir cursos o formaciones *online* o presenciales; incluir este tipo de formaciones como parte de nuestro crecimiento personal debería ser obligatorio en tu vida. Es muy importante que no te conviertas simplemente en un consumidor de información si no que verdaderamente puedas aplicarlo en tu día a día. De ahí la importancia que estos cursos y formaciones estén orientados en aquella habilidad o conocimiento específico que quieras mejorar.

- Clave práctica: haz una lista de películas o series que estén relacionadas con el tema que quieras desarrollar. Si eres emprendedor, busca las mejores películas para emprendedores, si quieres cultivar alguna nueva habilidad (cocina, baile, idiomas), busca series o documentales que te ayuden a tener una perspectiva más amplia de tu nuevo *hobby*.

7. Aumenta gradualmente la velocidad.

Durante el tiempo que determines para fortalecer tu desarrollo personal, procura mejorar tus habilidades para leer e incluso escribir más rápido.

Si puedes incrementar la velocidad en tus lecturas lograrás aumentar la cantidad de información que consumes. Un curso de lectura rápida siempre será una buena inversión de tiempo que verás compensada en tu capacidad para procesar y comprender información.

- Clave práctica: puedes escuchar *podcast* o ver películas y documentales en una velocidad de 1.25×, 1.50× o 2×, siempre que sea posible captar correctamente el mensaje; esto también se aplica en la escucha de mensajes en WhatsApp.

8. Optimiza el consumo de contenidos.

Una manera rápida de procesar contenidos se centra en la capacidad de leer en diagonal todo el contenido; ver una sinopsis, un resumen o incluso un "tráiler" si se trata de un contenido audiovisual, te ayudará a hacerte una idea del contenido antes de tomar la decisión de verlo entero.

La optimización de contenidos también se aplica en noticias en el periódico (leyendo únicamente titulares), ver resúmenes semanales de noticias o de partidos de fútbol.

- Clave práctica: puedes hacer un listado de los 5 libros y las 10 películas relacionadas, ver las sinopsis y tráileres dedicando 30 minutos antes de tomar la decisión de incluirlos en tu plan de desarrollo personal.

9. Rellena los "tiempos muertos".
Cualquier momento es bueno para aprender, así que procura tener siempre a mano un libro, tu teléfono, una tableta donde puedas leer durante los momentos de espera (una cola, una sala de espera, el metro, el aeropuerto, mientras viajas, etc.). Lo importante es que aproveches cualquier momento para avanzar en tu crecimiento y desarrollo profesional.

- Clave práctica: puedes escoger el libro que tengas de cabecera y destinarlo para cualquier tiempo muerto que tengas durante el día. Esto te permitirá no solo aprovechar mejor tu tiempo, sino meditar en las ideas del libro durante el día. Advertencia: los tiempos muertos no son para las redes sociales.

10. Recompénsate.
No importa cuál sea la recompensa, es bueno que lo hagas a diario cada vez que logres completar alguna actividad del día; esto te ayudará a estar motivado y te condicionará para querer seguir avanzando y mejorar otras áreas importantes de tu vida.

Visualízate como si ya hubieses conseguido tu objetivo del día. Imagina cómo te sentirás, colócate a ti mismo en un estado de logro, tener esto en tu mente te ayudará a verte como una persona que consigue lo que se propone.

- Clave práctica: la recompensa puede ir desde cosas tan simples como comer un helado al final del día o ir a ese restaurante el fin de semana. La idea es que puedas hacerlo tangible y te incentives con recompensas más significativas en función del resultado obtenido.

Cómo cuidar tu salud y tu cuerpo

1. Duerme lo suficiente para estar despierto.

Puede sonar contradictorio, pero una de las maneras de estar más despiertos durante el día se basa en la idea de haber dormido las suficientes horas para estar con energía y atención plena.

Desafortunadamente, el agotamiento físico y las distracciones nocturnas (pantallas, comer muy tarde por la noche, consumir bebidas alcohólicas en grandes cantidades, notificaciones permanentes en el teléfono) pueden afectar a la calidad del sueño y hacer que el día siguiente se convierta en una losa pesada.

- Clave práctica: aplica la técnica 3,2,1, lo cual significa 3 horas antes de dormir no comer, 2 horas antes de dormir nada de trabajo (email, WhatsApp, redes sociales, noticias), 1 hora antes de dormir no pantallas (TV, tableta, móvil). La idea es ir acondicionando nuestra mente a un mejor descanso; esta hora la podrías aprovechar para adaptar tu habitación buscando la temperatura ideal y, en la medida de lo posible, oscurecerla.

2. Camina y da un paseo.

Un estudio en el *Journal of Experimental Psychology* concluyó que caminar aumenta la creatividad en el momento del paseo. Esto es algo que puedes hacer una o varias veces al día con el fin de despejar tu mente.

Actividades cotidianas como sacar a pasear a tus hijos pequeños o al perro pueden ser buenos momentos para ejercitarse físicamente sin apenas sentirlo.

- Clave práctica: si quieres ponerte en forma mientras caminas, busca hacer al menos 10 000 pasos cada día; necesitarás por lo menos una hora a buen ritmo, pero puedes repartirlo durante el día. Para acompañar esta actividad puedes simplemente contemplar el paisaje o ir escuchando un audiolibro o *podcast*. Es la única excepción en la que justifico el *multitasking*.

3. Haz ejercicio por la mañana.

El ejercicio físico es una manera no solo de cuidar tu cuerpo, sino también de elevar tu nivel de energía física para ponerte en marcha con las actividades cotidianas. Por eso ejercitarte por la mañana hará que puedas aumentar tu productividad en el momento de llevar a cabo tus tareas cotidianas; a mayor nivel de energía, mayor capacidad de ejecución.

Empezar el día pegado al ordenador conlleva un estilo de vida poco saludable, así que mejor por la mañana, antes de cualquier actividad, incluye el tiempo de caminar. Recuerda no solo trabajar la resistencia (correr o caminar), debes trabajar la fuerza (alzar peso, trabajar los músculos) y la flexibilidad (estiramiento) de tu cuerpo. Por cierto, la realización de actividad física hará que duermas mejor y, por consiguiente, seas más productivo al día siguiente.

- Clave práctica: en tu rutina matutina, escoge 20 minutos para repartirlos de la siguiente manera (7 minutos de estiramientos, 7 minutos para dar saltos, 6 minutos de flexiones de pecho, abdominales, sentadillas), así podrás cubrir las tres necesidades y tener tu cuerpo a tono.

4. Establece horarios para comer y descansar.

Respetar tus momentos de descanso y desconexión te ayudará a aumentar tu productividad y el rendimiento durante el día. Es fundamental que establezcas un horario fijo para desayunar, almorzar y cenar y que este no se vea afectado por la improvisación y la suerte.

En el momento de comer busca también hacerlo en un espacio ideal para ello, no tengas delante de ti tu ordenador o móvil, la idea es que estés presente y puedas disfrutar de ese momento.

- Clave práctica: busca que exista un promedio de 5 horas entre una comida y la otra; si por ejemplo desayunas a las 9:00 de la mañana, el momento del almuerzo o comida podría ser a las 14:00 y luego la cena a las 19:00. Podrías incluir entremedias un aperitivo para mantenerte durante el día.

5. Échate una siesta.

Si eres de las personas que les gusta madrugar y, a pesar de haber tenido un buen sueño y hacer ejercicio por la mañana, notas que tu energía empieza a disminuir después del almuerzo, una recomendación ideal es que puedas dedicar de 10 a 30 minutos para echarte una siesta. La idea es que el tiempo de la siesta no sea tan largo para que no interfiera con el sueño nocturno ni tan corto que te deje aturdido o del mal humor.

Investigadores de la Universidad de Berkeley descubrieron que aquellos que se echaban una siesta por la tarde mejoraban el rendimiento, ya que aumenta el poder de concentración y facilita el aprendizaje, porque el sueño había despejado la memoria a corto plazo. Además, hacer una siesta a diario te permitirá estar más relajado, menos fatigado.

- Clave práctica: puedes hacer la siesta justo después del momento del almuerzo en posición inclinada (no horizontal, para evitar problemas gástricos) mientras escuchas una meditación que te permita estar relajado.

6. Cambia tu postura frecuentemente.

Uno de los factores que puede generar molestias en tu espalda y cuello, y por lo tanto fatigarte, disminuyendo la capacidad de concentración, es la postura física que adquieres mientras trabajas.

Dado que es una actividad que podríamos estar desempeñando durante largas horas, es muy recomendable recomponer y ajustar la postura haciendo pausas activas que nos permitan estirar un poco el cuerpo para volver a incorporarnos.

- Clave práctica: las pausas activas pueden tener una duración de entre 2 a 5 minutos, la idea es cambiar tu posición corporal y aprovechar para estirar el cuerpo, ir al baño, tomar un café, hacer flexiones, mirar por la ventana, etc. Es, en resumen, una forma de desenfocarse para luego volver a enfocar. Puedes instalar en tu ordenador una aplicación del tipo Pomodoro para que te recuerde cada 25 minutos cuándo parar y retomar tu rutina.

7. Establece rutinas para el cuidado de tu cuerpo.

¿Quién dijo que las cremas faciales o capilares son solo para las damas? Cada vez más el cuidado del cutis y el *look* capilar está más integrado en las rutinas de los hombres. El término anglosajón para esta tendencia es *grooming*, enfocado en el aseo e higiene masculina. El peinado, la barba y el cuidado del rostro es algo para lo que puedes dedicar también tiempo y es fundamental para tener una apariencia más sana y cuidada.

Te preguntarás, ¿qué tiene que ver el hecho de verme más sano y cuidado con mi productividad y la gestión de mi negocio? Te lo resumo en una frase... Verse bien es sentirse bien y si vas por la vida con un aspecto cansado, ojeroso y desaliñado, es probable que la forma en la que encaras tu día a día vaya de la misma manera.

Te digo más, las personas a tu alrededor podrán percibirlo y esto podría afectar a tus relaciones sociales y perderte oportunidades por el hecho de tener un mal aspecto.

- Clave práctica: puedes aprovechar la última hora antes de irte a dormir para realizar tu tratamiento facial (tónico, crema), limpiar tus dientes e incluso hacerte masajes faciales con los dedos. Solo necesitarás 5 minutos para ello.

8. Practica algún deporte físico.

Una de las maneras de mantenerte y sentirte activo es a través del deporte. Aunque es cierto que en función de tu edad sería más recomendable un deporte que otro, la idea es que puedas tenerlo una vez a la semana como parte de la rutina.

El deporte estimula tu competitividad (aunque sea contigo mismo), te ayuda a hacer ejercicio, a desconectar de la rutina, a cuidar tu alimentación, a establecer relaciones sociales, a tener una motivación cada semana para divertirte.

- Clave práctica: establece un horario a la semana, aunque sea una hora, por ejemplo, sábados a las 10:00, para que puedas dedicarte solo a ese deporte en particular; puedes intentar probar con algo nuevo y apuntarte a clases (tenis, golf, pádel, etc.) para iniciar e incorporar una nueva habilidad.

9. Ten un ambiente adecuado en tu día a día.

¿Sabías que la luz, el ruido, la temperatura e incluso el color de las paredes son condicionantes clave que pueden aumentar o lastrar tu productividad?

Varios estudios en las universidades de Northwestern, Cornwell y Texas en Estados Unidos demuestran que:

o Aquellas personas que trabajan con mayor exposición a la luz natural suelen tener una mejor calidad de sueño.

o Las personas que trabajan expuestas a un nivel elevado de ruido suelen estar más estresadas que aquellas que no tienen ruido.

o Aquellas personas que trabajan en una temperatura de 25 grados suelen ser más rápidos y eficientes que aquellos que tienen una temperatura de 20 grados.

o La gente, en general, suele cometer más errores en su trabajo cuando trabaja rodeada de paredes blancas, sugieren el azul celeste un mejor color para mejorar la productividad.

- Clave práctica: dado que encontrar un entorno ideal en casa, en la oficina, *coworking*, hotel o cafetería puede no contar con todos los requisitos antes mencionados, busca acondicionar tu espacio con un básico de luz suficiente, poco ruido y temperatura donde no sientas ni frío ni calor.

10. Escucha sonidos naturales para tu salud mental.

Investigadores del Instituto Politécnico Rensselaer descubrieron que tener como fondo sonidos de la naturaleza para la ejecución de tus actividades diarias puede incrementar la capacidad de concentración y satisfacción.

Este tipo de entorno puede complementarse también con música clásica o sonidos relajantes. Está comprobado que estimular el estado de ánimo puede ayudarte a tener una mejor respuesta a la hora de ponerte en marcha con la ejecución de las actividades.

- Clave práctica: cuando realices actividades de alta concentración busca tener como fondo alguna *playlist* con música más tranquila y si estás en modo redes sociales, email o actividades de seguimiento cotidiano, podrías acompañarlo con tu música favorita más alegre o movida.

PARTE 2
HÁBITOS Y RITUALES PARA TU NEGOCIO

Capítulo 7. Poner el foco en la FOCA

La cosa más importante es mantener la cosa más importante como la cosa más importante.

STEPHEN R. COVEY

En el año 2004 los profesores de la Universidad de Harvard Robert Kaplan y David Norton desarrollaron un modelo de gestión empresarial llamado Mapas Estratégicos, basado en el estudio de cuadro de mando integral o CMI, que se publicó por primera vez en 1992 en un *paper* de *Harvard Business Review*.

El concepto dentro de la gestión de empresas fue tan revolucionario e innovador que desarrollaba métricas "hechas a medida" para cada tipo de negocio, permitiendo cuantificar el éxito de una manera más certera y descriptiva, basado en la premisa de que en una empresa no se puede controlar lo que no se puede medir y no se puede medir lo que no se puede describir.

La relación que hay entre el cuadro de mando integral y los Mapas Estratégicos es directa, ya que los mapas explican el "cómo" desarrollar paso a paso la gestión de la empresa, mostrando la relación de causa-efecto que hay entre los objetivos trazados y la estrategia en general, buscando, de esta manera, facilitar la comunicación y delegación de las responsabilidades dentro del equipo de trabajo.

Lo que me encanta del concepto "mapa estratégico" es que brinda una visión integral de los pilares más importantes en cualquier tipo de negocio, dando especial atención a cómo poner el foco en lo más importante del negocio y, además, tener atadas y alineadas cada una de las áreas. Esto, evidentemente, facilita el trazado de un plan de acción y hacer posteriormente el control y seguimiento de la gestión.

Kaplan y Norton definen que todo negocio debe poner el foco y mantener alineadas las siguientes cuatro perspectivas:

* Perspectiva financiera o de resultado
* Perspectiva de procesos internos
* Perspectiva del cliente o mercado
* Perspectiva de aprendizaje o crecimiento

Así es, amigos, si eres emprendedor o empresario y sientes que tienes 1000 cosas en la cabeza por hacer, déjame decirte que todo lo puedes agrupar en estas cuatro categorías, es decir, no tienes 1000 cosas por hacer, en realidad tienes 4 que contienen todas las ideas que tienes en tu cabeza.

Y si eres el dueño de un negocio o director en alguna organización, debes estar con seguridad en alguna de estas 4 áreas, no hay más; lo demás es un desglose de cada una de ellas.

Como ingeniero administrativo y MBA, no deja de causarme gran emoción saber que existen metodologías que resumen dos carreras universitarias en una diapositiva con 4 perspectivas; esto es todo lo que necesitas saber para hilar lo más importante en tu trabajo o negocio. Esta visión integral te permitirá tener mayor capacidad de dirección y control.

Personalmente, para efectos prácticos y para no aburrirte más con la teoría académica, me he tomado la licencia de hacer algunos ajustes de las perspectivas para "bajarlo más a tierra" y permitir una aplicabilidad más sencilla para el resto de los mortales, ya que, si te soy sincero, el libro de los profesores de Harvard en sí mismo es infumable y no lo recomiendo para su lectura, salvo que te dediques al estudio y análisis de teorías de la administración.

Estas cuatro perspectivas te dan la visión integral del trabajo y te permiten tener una mejor gestión y control de los resultados.

A partir de ahora así llamaremos a las 4 perspectivas:

- Perspectiva financiera = Perspectiva **F**inanciera
- Perspectiva de procesos internos = Perspectiva **O**perativa
- Perspectiva del cliente o mercado = Perspectiva **C**omercial
- Perspectiva de aprendizaje o crecimiento = Perspectiva **A**dministrativa

Así como en la vida tenemos 4 pilares (espiritual, mental, físico y social), en lo laboral tenemos estas 4 áreas claves del negocio, bien sea como emprendedores o empleados.

Aunque este libro está dirigido a emprendedores y dueños de un negocio, puede ser que tu caso sea diferente porque trabajas por cuenta ajena como gerente o director en una empresa. Quizá estás en el área de ventas y, probablemente, no tengas responsabilidades financieras, operativas y administrativas, pero piénsalo bien por un momento.

Si te dedicas a las ventas, tendrás que llevar un control en el sistema para el seguimiento de los clientes, deberás hablar con proveedores de productos o servicios para saber en qué condiciones harás la venta e incluso, seguramente, tendrás metas de ventas que se traducen en facturación. ¿Lo ves?

Las cuatro perspectivas están interrelacionadas, existe una relación de causa-efecto. Cada perspectiva forma parte de un todo y si como empleado lo tienes así de claro, es muy probable que no dures mucho en tu puesto y tengan que promoverte para realizar tareas de mayor responsabilidad.

Aunque reconozco que estos principios tienen mayor y mejor aplicabilidad si eres el dueño de un negocio, emprendedor o tienes un proyecto paralelo mientras trabajas por cuenta ajena, cualquier empresa que se precie de ser innovadora querrá tener empleados con esta capacidad de visión integral.

En mi libro *La marca del emprendedor*, publicado en 2015, hice un esbozo de estas 4 perspectivas principales que se aplican a cualquier negocio. Han pasado ya más de más 10 años y ha sido mucho lo que he aprendido en el proceso de incorporarlo en mi propio negocio y mentorizando a dueños de negocios y emprendedores, por eso ahora quiero profundizar en cada una de las perspectivas explicando qué son y señalando aquellas actividades que más se repiten dentro de cada una de ellas.

Para obtener efectos nemotécnicos lo he bautizado "poner el foco en la FOCA" (Financiero, Operativo, Comercial y Administrativo), de esta manera es como alineamos el proyecto o la empresa que diriges actualmente con tu agenda semanal, la cual es la herramienta que te permite pasar de la planificación a la acción.

Por otra parte, es importante identificar cuáles son el tipo de tareas y actividades que normalmente se presentan dentro de cada una de las cuatro perspectivas y para ello es necesario recordar los fundamentos de la administración que nos dejó como legado el ingeniero Henry Fayol en su proceso administrativo, cuando planteó la planificación, la organización, la dirección y el control como la base de la gestión organizacional y combinarlo un poco con el ciclo PHVA (Planear, Hacer, Verificar y Actuar) utilizado por Deming para el mejoramiento continuo de empresas japonesas.

Soy consciente de que puedo estar saturándote de conceptos de administración y teorías básicas para algunos ya rancias y pasadas de moda y no es el objetivo de este capítulo; así que, si estás un poco confundido, quédate tranquilo, no hace falta que te aprendas esta parte, lo único que quiero demostrarte es que la estructura que vamos a llevar a continuación tiene fundamentos científicos, sólidos, y podemos adaptarlo en nuestro caso personal según convenga.

Esto también lo traigo a colación porque veo que cada vez hay más personas que se autoproclaman emprendedores con la "fórmula mágica" para sacar tu negocio adelante, sin ninguna formación académica en temas de negocios o administración, sin rigurosidad técnica, sin bases científicas que sustenten sus teorías y teniendo como única baza un empirismo superficial, una escasa experiencia personal en su propio negocio y, eso sí, una capacidad de comunicación capaz de vender hielo en el polo norte. Algunos los conocen como "vendehúmos" y te lo digo solo para que lo tengas en cuenta y no caigas en la trampa.

En resumen, todo proceso de gestión requiere que existan por lo menos 4 categorías o una secuencia que da orden al proceso de pensamiento. Hablamos entonces de la planificación, la organización, la ejecución y, finalmente, el control y seguimiento, y cada una de las etapas de este proceso se desarrolla dentro de cada una de las 4 perspectivas (FOCA).

Consideraremos las tareas diarias del negocio en las siguientes cuatro categorías con el fin de saber cómo encajarlo en los bloques de nuestra agenda semanal:

- Categoría 1. Planificación = Definir los proyectos.
- Categoría 2. Organización = Clasificar la perspectiva del proyecto y definir tareas de alto valor.
- Categoría 3. Ejecución = Hacer tareas repetitivas y complementarias.
- Categoría 4. Seguimiento y control = Revisar indicadores y reuniones.

Proceso administrativo por perspectivas FOCA
Ejemplos de clasificación de tareas

Perspectiva Financiera	Perspectiva Operativa	Perspectiva Comercial	Perspectiva Administrativa
PLANIFICACIÓN (Definir los proyectos)			
Entre otras: Fijar presupuestos (Parrilla estratégica)	Entre otras: I&D de productos y servicios (Escalera de valor)	Entre otras: Establecer el plan de *marketing* y comercial	Entre otras: Crear el plan de acción. Definir plataforma estratégica
ORGANIZACIÓN (Clasificar la perspectiva del proyecto y definir tareas de alto valor)			
Entre otras: Definir un sistema de facturación	Entre otras: Diseñar y desarrollar productos y servicios	Entre otras: Entrega de propuestas comerciales	Entre otras: Definición de roles y perfiles de personas
EJECUCIÓN (Hacer tareas repetitivas y complementarias)			
Entre otras: Gestión de cobros, facturación	Entre otras: Entrega de productos y servicios	Entre otras: Seguimiento a prospectos, cierre de ventas	Entre otras: Llamadas, emails, mensajes de texto
SEGUIMIENTO Y CONTROL (Revisar indicadores y reuniones)			
Entre otras: Revisión al cumplimiento presupuestario	Entre otras: Control de calidad	Entre otras: Revisión de indicadores comerciales	Entre otras: Reuniones de seguimiento

Como ves, si eres emprendedor o dueño de un negocio, prácticamente podríamos resumir que aquello en lo que inviertes tu tiempo está en estas cuatro categorías y dentro de las cuatro perspectivas y, si no lo eres, seguro que tu puesto de trabajo hará parte de alguna perspectiva y tus responsabilidades estarán orientadas en una o varias de estas categorías.

Lo que busco es mostrarte que la visión integral te ayudará a no perder de vista ninguna de las áreas y sabrás si las actividades que haces en cada una de ellas son proyectos claves, actividades de alto valor, tareas repetitivas o complementarias y si estás realizando el seguimiento adecuado.

Ahora te pregunto, ¿cuál de las cuatro perspectivas crees que es la más importante de todas?

¿Será la financiera, ya que si no hay dinero que ingrese no hay manera de sostener el proyecto? ¿Será la operativa, ya que si no hay producto no podemos promover ninguna venta? ¿Será la comercial, ya que si no hay ventas no habrá clientes y, por lo tanto, no hay negocio ni empresa que se sostenga? ¿Será la administrativa, ya que si no hay una estructura el caos reinará y el negocio no se podrá mantener?

¿Qué piensas?

Ahora déjame cambiarte la pregunta.

¿Cuál de las cuatro ruedas de un coche crees que es la más importante?

No me digas que la de repuesto, eso ya me lo han dicho en algunas conferencias y, aunque tiene gracia, no es la respuesta correcta.

La respuesta es que las cuatro ruedas son igualmente importantes, ya que si alguna fallara tendrás problemas para avanzar de manera fluida y segura. Igual que si tuviéramos una silla de cuatro patas, todas son igualmente importantes, ya que no se podría mantener en firme si le faltara alguna o tendrías que esforzarte demasiado para mantenerla estable.

Pues esto mismo es lo que puede estar ocurriendo en tu proyecto o en tu puesto de trabajo, que quizá no estás dando importancia a todas las áreas de tu negocio en la misma proporción.

Pero ahora te pido que pienses en lo siguiente: si tuviera que empezar por alguna perspectiva en concreto, ¿cuál sería la de mayor prioridad? Dicho de otra manera, la que hace que el resto de las perspectivas se activen y tengan sentido en la estructura.

Muy sencillo. La perspectiva comercial es la prioritaria, ya que es la que establece el inicio de una venta y permite que haya clientes que apuesten por tus productos o servicios (estén o no estén listos para ser entregados), lo cual nos dice de alguna manera por dónde empezar.

Ahora te pregunto: y si tuvieras que evaluar los resultados de cómo ha ido la gestión, ¿cuál sería la perspectiva que tendrías que revisar?

La perspectiva financiera es la que de una manera más objetiva me puede decir si vamos por el camino adecuado y si realmente nos estamos acercando al cumplimiento de nuestros objetivos. Los números no mienten y no dan lugar a suposiciones o dudas. Más adelante ampliaré cada una de las perspectivas y te resaltaré aquellas actividades que son claves y sí o sí debes incluir en tu agenda semanal, incluso aunque no seas tú quien lo haga directamente.

Por último, una pregunta que siempre surge en los talleres que realizo en gestión empresarial es: Fabián, ¿cómo puedo clasificar los proyectos dentro de cada perspectiva?

Aunque en las siguientes páginas ampliaré este tema, te haré un resumen de cada perspectiva describiendo cuáles serían los proyectos y las actividades más comunes que deberían estar presentes; creo que es más importante la clasificación que el hecho de que esté mal o bien clasificada.

Es decir, lo que buscamos con esta estructura es facilitar la ejecución de tu agenda semanal, de manera que puedas garantizar que vas a cumplir con ella y que no tendrás la sensación de que se te escapa algo, así que es más importante que esté, aunque esté mal clasificada.

Por ejemplo, proyectos como hacer una web o enviar una propuesta a un cliente claramente podríamos pensar que se trata de una actividad de tipo comercial, que trabajar en el diseño de tu nuevo producto podría ser operativo y que revisar el presupuesto podría ser más financiero, pero, si te dijera que vamos a sistematizar el proceso de ventas para contratar a un nuevo vendedor, ¿qué me dirías? ¿Es administrativo porque implica sistemas o personas, o es comercial porque se trata de un proceso de ventas?

Déjame ilustrarte con un ejemplo cómo resolvemos este dilema. Si tuvieras un armario con cuatro compartimentos donde en uno guardas camisas, en otro pantalones, en otro zapatos y en otro ropa interior, ¿dónde guardarías una bufanda?

¿Con las camisas porque se pone en la parte de arriba del cuerpo? ¿Con la ropa interior porque es una prenda pequeña? ¿Con los pantalones para que haga juego con el color? ¿Con los zapatos porque es un accesorio?

La palabra clave a tener en cuenta aquí es establecer un CRITERIO de decisión y mantenerlo cada vez que quieras clasificar ese proyecto o tarea. Recuerda que ahora se trata de tener un armario con compartimentos, en lugar de tener un baúl donde todo está de cualquier manera.

Así que una vez haces la clasificación del proyecto dentro de la perspectiva, podrás definir las tareas de alto valor para la realización de ese proyecto, aquellas que son repetitivas y complementarias y, por último, las de seguimiento para ver cómo vas.

Te doy un ejemplo dentro de la perspectiva comercial para aclararte la idea:

PERSPECTIVA COMERCIAL
Proyecto: nueva página web.
Tarea de alto valor: desarrollar los textos y hacer la sesión de fotos.
Tareas repetitivas y complementarias: enviar email con correcciones de texto y selección de fotos.
Tarea seguimiento y control: reunión con el diseñador para ver avances.

Ahora, para ir más a fondo, veamos cómo podemos desglosar el tipo de actividades que hay dentro de las cuatro categorías viendo perspectiva por perspectiva:

Poner el foco en la FOCA te permitirá liderar y gestionar mejor tu negocio o empresa.

Capítulo 8. La perspectiva financiera

Un presupuesto le dice a su dinero adónde ir en lugar de preguntarse
adónde se fue.

JOHN MAXWELL

En el libro *La meta*, el físico israelí Eliyahu Goldratt planteaba una reflexión acerca de cuál era el fin último en la creación de una empresa o negocio. En su relato, contado en forma de novela, hacía esta pregunta a los directivos dentro de una organización. Algunos se enfocaban en pensar que el fin último en la creación de una empresa era tener un buen servicio al cliente, otros en la innovación y el desarrollo de nuevos productos, otros en el impacto social... Y al final, después de dar varias vueltas, todos llegaban a la conclusión y acordaban que el fin último de cualquier negocio con o sin ánimo de lucro era aumentar el rendimiento financiero (utilidad neta, rendimiento de inversión, flujo de efectivo). Así es, incluso las organizaciones sin ánimo de lucro (también sin ánimo de pérdida) deben tener esta meta principal, puesto que la falta de recursos puede hacer que pierdan su razón de ser en el mercado.

En mi experiencia trabajando con emprendedores y dueños de negocio, he llegado a la conclusión de que la perspectiva financiera es la asignatura pendiente de la mayoría de ellos, ya que por desidia o desconocimiento prefieren delegar a un gestor contable y esperar a que les digan si finalmente la empresa generó o no generó utilidades.

Mi conclusión es que quizá las sumas y restas metidas en un Excel hacen que no sea precisamente la actividad más atractiva de hacer o revisar. Sin embargo, saltarse esta tarea tiene grandes consecuencias, ya que todo el esfuerzo que se haga en las otras perspectivas puede perderse por no saber qué está pasando en la perspectiva financiera.

Para evitar esta situación y acercarla más al emprendedor del día a día, recomiendo que el plan estratégico de una empresa pueda atarse a una cifra anual de manera que la planificación de recursos en las otras perspectivas se haga basada en este objetivo financiero. Esto no solo permitirá alinear todas las perspectivas en una misma dirección, si no que ayudará a ser más eficiente a la hora de establecer los proyectos. Si todo va encaminado a una misma dirección, la productividad aumentará como consecuencia, ya que el foco estará automáticamente en proyectos importantes.

Sé que puede parecer *a priori* que poner el foco en lo financiero es avaricioso y egoísta, pero con la mano en el corazón, ¿mantendrías un proyecto emprendedor que no genere ingresos ni beneficios? Y si es así, ¿por cuánto tiempo estarías dispuesto a mantenerlo? Así que más te vale poner tu atención sobre esta rueda, no vaya a ser que el entusiasmo desbordado por tu nuevo producto y los comentarios en redes sociales de tus seguidores (que aún no son clientes) terminen por nublar tu visión y no darte cuenta de que estás al borde de la quiebra financiera.

La herramienta que propongo es establecer un presupuesto anual o, como me gusta llamarla, hacer una parrilla estratégica que te permita, en un solo golpe de vista, establecer las 4 perspectivas alineadas en función de una cifra como objetivo anual.

Veamos, a manera de ejemplo, una parrilla estratégica para una empresa del sector educativo Escuela Expertos Emprendedores y cómo en un simple cuadro podemos desglosar y poner las 4 perspectivas en funcionamiento.

Parrilla estratégica

Líneas de productos /servicios	Precio promedio	Cantidad anual	Total anual
Libros	20	1000	20 000
Escuela *online*	1000	50	50 000
Cursos *online*	300	30	9000
Formaciones presenciales	2500	40	100 000
Mentorías	3000	12	36 000
Consultoría	10 000	6	60 000
TOTAL			**275 000**

Podemos notar que **la perspectiva financiera** define un objetivo de facturación de 275 000 euros anuales; en función de cuál sea tu emprendimiento podría ser poco o mucho, pero más que la cifra, quiero que te quedes con el ejercicio práctico de cómo establecerlo. Si estás empezando y facturas 10 000 euros al año lo debes hacer, o si ya eres avanzado, y superas el 1 000 000, con más razón deberías tener un presupuesto dentro de tu empresa.

Evidentemente, luego tendrías que desglosar este presupuesto por mes (en función de las estacionalidades de tu negocio, si las tiene) y por líneas de negocio, pero ya posees una foto de cómo quieres que sea tu año.

Para la parrilla estratégica, puedes tener como base la cifra de facturación, pero también basarte en la cifra de beneficio neto, que a mí personalmente me gusta más, pero entiendo que puede ser más complicado definirla, porque hay que incluir los gastos fijos y variables, y a veces no puedes contar con toda la información que necesitas para armar el presupuesto. De momento, con que por lo menos traces un objetivo de ingresos ya empezamos con buen pie.

Si te fijas con atención notarás que están entrelazadas en un solo cuadro las cuatro perspectivas:

La perspectiva operativa, porque estás definiendo las líneas de negocio en las que vas a trabajar durante el año y en cuáles vas a profundizar.

La perspectiva comercial puedes verla fácilmente en el número de unidades que esperas vender en esas líneas de negocios, que vista en un contexto anual podría parecer mucho; sin embargo, si tomamos por ejemplo la parrilla de antes, en el caso de las conferencias, si divides 40 entre 12 meses te dará un objetivo mensual de 3,33 y si lo llevas al contexto semanal estamos hablando de una conferencia por semana, aproximadamente. Esto se hace más fácil llevarlo al bloque comercial en tu agenda semanal y enfocarte en trabajar solo en ello.

Por último, **la perspectiva administrativa** saldrá de los recursos que tengas que disponer para poder ejecutar la perspectiva comercial y operativa, si necesitas una persona para que te ayude a vender, tener un sistema de reuniones para revisar cómo vas mensualmente, tener un sistema que te permita hacer seguimiento, en fin todo lo que se requiera para poder cerrar una conferencia cada semana y alcanzar el objetivo de cada mes. Siguiendo esta secuencia, yendo de lo particular a lo general y de lo general a lo particular, es como activamos las cuatro perspectivas.

Es más, el hecho de que hagas una parrilla estratégica poniendo las cuatro perspectivas representa en sí misma una gestión de tipo administrativa.

Te podría ocurrir que establezcas, por ejemplo en este caso, un objetivo a "dedo e intuitivo" de 500 000 y solo llegues a los 275 000 o, lo contrario, que hayas puesto 150 000 y con los números puestos llegues a las 275 000; en ese caso tendríamos que ajustar las cifras manteniendo siempre un criterio más conservador y realista. Yo personalmente opto por tener una expectativa de ingresos baja y de costes y gastos más altos para hacerlo lo más aproximado posible.

Otra idea que puede ayudarte a construir el presupuesto es que te apoyes en los datos históricos de tu negocio y que puedas basarte en los últimos tres años para proyectar el año siguiente, aplicándole un porcentaje de crecimiento mínimo de un 10%. Es lo que en estadística se conoce como hacer una regresión lineal múltiple para predecir el comportamiento futuro de una variable.

Ahora, si no tienes datos históricos porque apenas empiezas con tu proyecto, mi sugerencia es que te plantees una cifra basada en tu precio por hora laboral o el equivalente a tu salario actual o último que tuviste como empleado, y luego establecer las cantidades y precios en función de los precios del mercado para hacerlo lo más acertado posible. En un primer año es posible que te resulte inexacto, pero por lo menos tendrás un punto de referencia para saber cómo vas y este resultado te servirá como guía para proyectar el siguiente año.

En cualquier caso, si la cifra te sigue dando por debajo de tu objetivo, por ejemplo, imagina que quieres obtener 100 000, pero por más que ajustas siendo lo más realista posible no llegas ni a 50 000, entonces te quedan dos opciones:

Disminuir el objetivo siendo consciente de qué es lo que puedes conseguir con los recursos actuales (tiempo, dinero, esfuerzo) y plantarlo en la cifra máxima de 50 000 euros.

O afectar alguno de los tres factores que tienes en la parrilla: el precio, las líneas de negocios o las unidades vendidas.

Dentro de la perspectiva financiera, una de las tres estrategias por la que puedes empezar es:

- **Estrategias para afectar el precio.** Aquí el impacto es financiero, ya que aumentar el precio puede afectar el número de unidades vendidas tanto si lo bajas como si lo subes. Es importante tener en cuenta la percepción de valor que tienen tus productos o servicios en el mercado, incluso cuál es el peso de tu marca personal, a mayor marca personal mayor posibilidad de aumentar tus precios. En este sentido tienes solo tres referencias para marcarlo.

1. Precio basado en el coste de producción.
Lo estableces conociendo cuánto te cuesta producir el servicio o producto y puedes tener como referencia tu coste por hora si se tratara de un servicio profesional, aplicando luego un margen de beneficio o utilidad. Mi recomendación es que lo tengas solo a modo informativo para ti, pero no establezcas tus precios bajo esta modalidad. Es solo recomendable en el caso de que quieras llegar a un gran número de personas, pero en los servicios profesionales hay que tener cuidado con la marca personal, ya que puede que sea percibido como un producto o servicio *low cost*.

2. Precio basado en el mercado.
Se establece teniendo en cuenta el promedio del precio de servicios o productos similares en el mercado, no te diferenciará mucho de la competencia, pero te pone en el radar de los potenciales clientes y se puede hacer accesible a una mayoría.

3. Precio basado en la percepción de valor.
Aquí es donde entra en juego el posicionamiento tanto de la marca de empresa como de la marca personal. Recomiendo esta modalidad, ya que el precio no estará sujeto a lo que cueste producirlo ni cuánto cobre la competencia, sino que estará relacionado con el valor que las personas perciben respecto de tus servicios y productos.

Imagina que vas por un mercadillo un fin de semana y ves un plato chino puesto en el suelo alrededor de otras baratijas, ¿cuánto estarías dispuesto a pagar por ello? ¿1, 3, 5 euros como mucho? Ese precio está basado en el coste de producción, ya que por barato que sea, algún beneficio está dejando.

Imagínate ahora que ese mismo plato lo consigues dentro de una caja dorada puesto en la estantería de una tienda de decoración y artículos para el hogar, ¿cuánto estarías dispuesto a pagar por ello? ¿15, 25, 50 euros? Ese precio está basado en el valor del mercado y, dado las condiciones externas de empaque y ubicación, puede darte una percepción de valor mucho más alta.

Ahora imagina que ese mismo plato está en una galería y forma parte de una exhibición de artículos únicos, contando la historia que hay detrás de su fabricación y las características de su material. Además del impacto social que brinda a personas que trabajan en una pequeña aldea perdida en China. ¿Cuánto estarías dispuesto a pagar por ello? ¿100, 200, 300 euros? Ese precio está basado en la percepción de valor, dado la historia que hay detrás y la forma en que se ha creado la idea de ser diferente y escaso.

¿Lo ves? Lo que estoy tratando de explicarte es que no solo el producto o servicio en sí mismo da la percepción de valor, sino también el contexto en el que se vende. El mismo producto puesto en diferentes contextos puede afectar el precio dramáticamente.

¿En qué categoría te gustaría tener tus servicios o productos? Por cierto, si quieres profundizar más en esta idea de mejorar tu marca personal, te recomiendo que le eches un vistazo a mi libro *Tu marca profesional*, donde ofrezco una metodología paso a paso para trabajar en ello.

Ahora te invito a que definas cuál será la cifra de facturación o beneficio que quieres determinar para tu proyecto emprendedor.

Parrilla estratégica

Líneas de productos /servicios	Precio promedio	Cantidad anual	Total anual
Línea 1			
Línea 2			
Línea 3			
TOTAL			

Por último, comparto contigo estas actividades y tareas mínimas que debes tener en tu proyecto para gestionar la perspectiva financiera:

Planificación. Definir proyectos:
Presupuesto anual (parrilla estratégica desglosada por mes)

Organización. Clasificar proyectos y definir tareas de alto valor:
Facturación
Gestión de compras y suministros
Actualización de estados financieros
Presentación de cuentas y pago de impuestos

Ejecución. Hacer tareas repetitivas y complementarias:
Elaboración de facturas
Pago de proveedores, servicios
Registro de pagos e ingresos diarios
Solicitud de recibos y facturas de proveedores

Seguimiento y control. Revisar indicadores-reuniones
Reunión mensual para la revisión de indicadores financieros
Indicadores clave:
-Margen de beneficio mensual
-Costes de operación

"No delegues el control total financiero de tu negocio en manos de un tercero, es tu responsabilidad."

Capítulo 9. La perspectiva operativa

Lo más grande que se puede conseguir en publicidad, es credibilidad, y nada es más creíble que el propio producto.

LEO BURNETT

Una de las perspectivas en las que más pasan tiempo los emprendedores es la operativa; de alguna manera es la esencia del negocio, porque está directamente relacionada con el servicio o producto que ofreces a tus clientes y lo que necesitas para crearlo o fabricarlo con el mayor cuidado y dedicación posible. Sin embargo, esta perspectiva podría convertirse en un sumidero de energía y horas si no se tiene cuidado, se gestiona poniendo tiempos límites y se pone atención en las otras tres perspectivas.

En su libro *El mito del emprendedor*, Michael Gerber plantea que dentro de los niveles de crecimiento de un emprendedor hay dos pasos previos. Primero empiezas por ser técnico y luego pasas a ser mánager o administrador para finalmente convertirte en un emprendedor o empresario.

El problema es que muchos emprendedores se quedan en el primer paso, hasta el punto de que en lugar de tener un emprendimiento, en realidad lo que crean es un autoempleo que les permite sobrevivir como si se tratase de tener un sueldo fijo, hablando en el mejor de los casos.

El hecho es que dar el paso de convertirse en administradores y emprendedores puede resultar doloroso, por el simple hecho de tener que soltar algunas de las tareas favoritas cuando se es técnico y asumir otras responsabilidades menos apetecibles, como por ejemplo hacer un plan de acción, establecer indicadores de seguimiento, formar un equipo de trabajo, tener una visión de liderazgo y de propósito en su sector... Tareas que suelen sacarlos de su zona de confort, por lo que en ocasiones prefieren ponerse en un lugar más cómodo y conformarse solo con el hecho de hacer aquello a lo que están más habituados.

Así que, sea por pereza, por desconocimiento o por un apego al trabajo como técnico, el camino que lleva a convertirse en emprendedor se hace cuesta arriba.

El perfil técnico es ese en donde pones en desarrollo tu conocimiento o experiencia; por ejemplo, si te gusta la panadería, saber hacer pan es la forma en que expresas a través de tu trabajo tu verdadera pasión; no obstante, montar una panadería como negocio requiere de nuevas habilidades, como contratar personal, *marketing* para promocionar la tienda, negociación con los proveedores, gestión financiera..., lo que hace que el trabajo de panadero tenga una envergadura más amplia y compleja.

Por ejemplo, mientras escribo este libro, estoy en "modo técnico" 100%; es la manera como "hacemos el pan" dentro de mi negocio, luego cuando venga el momento de publicarlo y promocionarlo tendré que activar el "modo mánager" para gestionar el trabajo con la editorial y, si quiero realmente convertirlo en un *best seller*, se requiere activar el "modo emprendedor" buscando alianzas, formas innovadoras de promoción y estrategias de venta por diferentes plataformas.

Así que no sé cuál es tu nivel en este momento, pero lo cierto es que esta composición tripartita tiene que estar en tu ADN emprendedor, de lo contrario será difícil escalar tu proyecto a niveles de facturación y beneficio más altos.

Para mantener como punto de referencia la parrilla estratégica y poder ajustar ese objetivo financiero, otra de las maneras con las que contamos para aumentar las posibilidades de alcanzar el objetivo es afectando las líneas de servicios o productos.

Contar con una parrilla estratégica te permitirá tener un detalle de cuáles son los servicios o productos más demandados y te dará una idea acerca de dónde enfocar los esfuerzos, eliminando aquellas líneas deficitarias, que se sostienen por el éxito de otras y que en lugar de sumar restan. Aquí se aplica perfectamente el principio de Pareto, donde el 20% de tus servicios o productos producen el 80% de los ingresos. En este orden de ideas, la parrilla te servirá para visualizar las teclas que tienes que tocar para organizar tu negocio.

Así que esto es lo que debes hacer **si quieres implementar estrategias para afectar las líneas de productos y servicios:**

Aquí el impacto se centra en lo operativo, ya que está directamente relacionado con el producto o servicio con el que resuelves problemas o necesidades de tus clientes.

Mi recomendación es limitar las líneas de productos o servicios para no confundir a los potenciales clientes. La idea de tener un portafolio infinito de posibilidades y que además los clientes puedan personalizar, si no cuentas con una infraestructura que pueda dar respuesta a esa demanda, sería un error. Aquello de que en la variedad está el placer, puede convertirse en algo más parecido a que en la variedad está el estrés y esto, evidentemente, afectará a tu productividad.

Imagina un restaurante con una opción tan amplia de comidas que no solo te dificulta la elección, sino que da la sensación de que cuando sabes hacer muchas cosas, finalmente no eres bueno en nada concreto. Es importante que revises aquello que tiene más demanda y te enfoques en producir mejor eso que más te piden. Si te fijas hoy por hoy aquellos restaurantes de mayor éxito, incluso algunos con estrellas Michelin, la gran característica que tienen es que están especializados en algún tipo de cocina, algunos incluso con menús cerrados donde la única opción del cliente es elegir entre comprar el caro o el supercaro.

Para simplificar esta oferta, y hacer la elección más fácil por parte del cliente y la venta más fácil para el vendedor, te recomiendo paquetizar y tener una **escalera de valor,** algo así como el modelo de carta de bebidas de café de Starbucks, que te permite una oferta acotada manteniendo el mismo producto en diferentes presentaciones (*tall*, grande, *venti*); este modelo, por cierto, se ha masificado también en empresas que dan servicios de *software* y tecnología como Dropbox (estándar, profesional, *advanced*) o Active Campaign (*lite*, plus, profesional, empresa), algunas incluso extendiendo la oferta de hasta 4 opciones.

Me gustaría compartir contigo un ejemplo de cómo podemos mezclar las líneas de productos o servicios en el caso de una empresa de formación, teniendo como punto de referencia el precio. En este caso incluyo además una categoría *freemium*, que consiste en contenido de alto valor, pero con coste cero para los usuarios.

Escalera de valor

	Líneas de negocio	Gratis	Bajo	Medio	Medio alto	Alto
	Precios aprox.	0 €	15-20 €	197-997 €	2000-2997 €	2997-9997 €
1. B 2 C	Marca Personal	Conte-nido en redes	Libro *Tu marca profesio-nal*	EEE* (Marca Pro)	Confe-rencias, semina-rios, talleres	Mentoría grupal

		Curso gratis				Mentoría personalizada
2. B 2 C	Emprendimiento	Contenido en redes Curso gratis	Libro *La marca del emprendedor*	EEE* (Infoemprendedores)	Conferencias, seminarios, talleres	Mentoría grupal Mentoría personalizada
3. B 2 B	Productividad personal	Contenido en redes Curso gratis	Libro *La agenda de cuarta generación*	EEE* Curso productividad total	Conferencias, seminarios, talleres	Consultoría empresarial
4. B 2 B	Gestión empresarial	Contenido en redes Curso gratis	Libro *Gestión Empresarial de alto rendimiento*	EEE* Curso System Up	Conferencias, seminarios, talleres	Consultoría empresarial

*EEE: Escuela Expertos Emprendedores

En este ejemplo te muestro cuatro líneas de negocios, cada una con sus respectivas referencias dentro de las categorías de gratis, bajo, medio, medio alto y alto, con lo que resulta más fácil planificar y organizar la parrilla estratégica.

Este es un ejemplo de la forma en que definimos la escalera de valor en mi negocio; si el día de mañana pensara en otra nueva línea, mi estrategia sería desarrollar toda la línea de negocio completa con productos y servicios siguiendo esta escalera de valor, yendo desde el producto gratis hasta un servicio más prémium.

No recomendaría empezar una nueva línea hasta no tener cubierta en su totalidad la línea anterior. Se trata de una cuestión de método y que tu "modo mánager" esté activado para diseñar la escalera de valor.

Este cuadro de líneas de negocios te ayudará a armar tu parrilla estratégica con todo lujo de detalles, poniendo todas las líneas de negocios con su respectiva escalera de valor y a optimizar los esfuerzos a la hora de diseñar e innovar nuevos productos para tus clientes.

No crees por crear, mejor piensa en líneas de negocios, para que puedas llevar cada solución a su máxima expresión. De esta manera podrás enfocarte y especializarte a tal nivel que consigas posicionarte en el sector con esa solución para luego pasar a otro nicho o tema de especialización.

Te animo a que armes tu propia escalera de valor enfocándote en aquellas líneas que consigan mejores beneficios para tu negocio.

Escalera de valor

Líneas de negocio	Gratis	*Silver*	*Gold*	*Platinum*
Precios aprox.	X euros	XX euros	XXX euros	XXXX euros
Línea 1				
Línea 2				
Línea 3				

Por último, me gustaría plantearte proyectos, actividades y algunas tareas mínimas que debes tener en tu negocio para gestionar la perspectiva operativa.

Planificación. Definir proyectos:
Diseño o rediseño de la escalera de valor.

Organización. Clasificar proyectos y definir tareas de alto valor:
Desarrollo y mejoramiento de productos o servicios.

Ejecución. Hacer tareas repetitivas y complementarias:
Entrega y envío de producto y servicios.
Packaging de producto (si es producto físico).
Sesión de consulta y revisión con el cliente (si es un servicio intangible).

Seguimiento y control. Revisar indicadores-hacer reuniones:
Reunión mensual para la revisión de indicadores operativos.
Indicadores clave:
-Producto o servicio más vendido
-Rentabilidad por línea de producto o servicio
-Evaluación o *feedback* por parte del cliente

"Crea un portafolio basado en una escalera de valor y paquetiza tus servicios y productos para facilitar el proceso de compra y venta."

Capítulo 10. La perspectiva comercial

La mejor manera de vender algo: no vender nada. Gane la conciencia, el
respeto y la confianza de los que pueden comprar.

Jordan Belfort

En su libro *Vender es humano*, Daniel Pink habla de cómo podemos
ser más persuasivos y convincentes a la hora de influir sobre los
demás, destacando que vender es una habilidad que todo
profesional, independientemente de a lo que se dedique, debe
adquirir y que, en esencia todos, somos vendedores.

Si eres dueño de un negocio, emprendedor o estás a punto de
convertirte en uno de ellos, deberás saber que una de las
habilidades clave para sacar cualquier idea de negocio adelante es
tu habilidad para vender, y cuando digo vender no me refiero solo al
hecho de persuadir a alguien al que le quieras ofrecer tus servicios
o productos, me refiero a vender un mensaje, vender una idea de
cultura organizacional a tu equipo de trabajo, vender una nueva
metodología para la gestión de las ventas... En conclusión, siempre
estamos vendiendo algo a alguien.

Desafortunadamente, la idea de "vender" puede ser mal vista por
personas que han dado un mal ejemplo con ello; siempre nos
imaginamos al vendedor puerta a puerta que atraviesa el pie en la
entrada de tu casa para meterte por los ojos algo que no necesitas
o al que insistentemente te llama de forma inoportuna ofreciéndote
algo que no has pedido. Esta práctica es tan desagradable que

incluso en algunos países se están estableciendo leyes para que estas llamadas no te las hagan dentro del horario laboral. Así que, si este es el ejemplo de la venta, es normal que nadie quiera vender. Lo cierto es que la gente odia que le vendan, pero le encanta comprar, y la clave está en mirar cómo podemos vender sin vender.

Quiero que reflexiones un poco acerca de esta idea, cuando vemos la venta como la forma en que ofrecemos una solución a un problema o necesidad de alguien, el paradigma cambia, ya que pasamos de tener una visión de ser "pesados" a ser solucionadores de problemas que buscan ayudar a las personas con nuestros productos o servicios. Por lo tanto, la venta debe ser vista como un servicio y este servicio debe verse como la contribución de valor que das al mercado.

En resumen: Emprender = Vender = Servir

Si eres emprendedor tendrás que convertirte en un vendedor; afortunadamente es una habilidad que se logra con la práctica y cualquier persona podría hacerlo siguiendo la metodología que mejor aplique en su sector.

Desde que me hice emprendedor por allá en el año 2012 en Londres, aprendí una lección que llevo siempre conmigo y es el hecho de ser consciente de que "sin ventas no hay paraíso". Esto es una realidad y explica el por qué muchos proyectos, teniendo personas íntegras e inteligentes, con buenos productos y servicios no salen adelante. Es sencillamente porque las ventas no llegan, y en el mejor de los casos si llegan, se pueden perder por el camino muchas oportunidades, porque no cuentan con las herramientas para realizar un buen seguimiento y manejo del proceso desde que el potencial cliente se pone en contacto hasta que finalmente logra cerrar la venta.

Esto es lo que, en mis inicios, me motivaba a andar con un TPV en mi mochila para recibir pagos con tarjeta, ya que una de las razones por las que a veces no vendía era porque las personas no tenían dinero en efectivo y entre que iban al cajero automático y volvían se perdía la venta. Te imaginarás la cara de las personas cuando me decían: "oye, me encantaría comprar tu libro, pero no llevo dinero en efectivo en este momento", y mi respuesta inmediata era: "no te preocupes, también acepto tarjetas" mientras sacaba mi TPV de la mochila. Era tal el asombro que no quedaba otra para el cliente que actuar en consecuencia.

Así que, teniendo como referencia la parrilla estratégica que te mencioné en la perspectiva financiera, la otra opción que nos queda para armarla, diferente a las líneas de productos y servicios, es **tocar las cantidades o unidades de servicios o productos.** Aquí el impacto se orienta más a la esfera comercial, ya que implica que subir o bajar las cantidades determinará la fuerza de ventas o metodología que uses para conseguir el objetivo.

Aunque este es no es un libro de gestión comercial y de ventas propiamente dicho, una mala gestión puede hacerte perder muchísimo tiempo y esfuerzo, así que aprovecho que estamos hablando de la perspectiva comercial para darte un pequeño resumen de mis mejores prácticas con todo lujo de detalles y de la metodología que uso en mi día a día para optimizar la gestión de ventas y aumentar así mi tasa de conversión de los servicios prémium de alto valor. Aclaro de antemano que quizá no todo encaje dentro de tu sector o modalidad (b2b, b2c, c2c o c2b); si ves que es así, puedes saltártelo y pasar a la siguiente perspectiva.

Al final, si te das cuenta, en cada una de las perspectivas para ser más organizados y gestionar mejor nuestra agenda necesitamos un método y ver las diferentes fases, y aquí te planteo el siguiente.

Fase de atracción

1. Tener clara la diferencia entre *marketing* y ventas.

Leía en un libro de Goldratt que la diferencia entre el *marketing* y las ventas radica en la intención que se tenga con las acciones que haces. Goldratt lo ilustraba con un ejemplo desde mi parecer un poco agresivo pero muy certero, afirmando que el *marketing* es como echar granos a los patos para que se acerquen y coman, mientras que las ventas es tener listo el rifle para cazarlos. Ya ves, te dije que era fuerte, pero ¿a que te ha quedado claro?

Así que es necesario que puedas tener una buena estrategia de *inbound marketing* (*marketing* de contenidos) o publicidad pagada para que estas personas puedan llegar y eventualmente puedan ponerse en contacto contigo.

Incluso si haces publicidad, procura no hacerla en frío "vendiendo algo" a personas que no te conocen de nada, es mejor promocionar contenido de alto valor que nutra a tu comunidad y tengas un permiso tácito para que posteriormente puedas ofrecer alguna solución a esas personas.

Muchos emprendedores creen que con poner un post en redes sociales, tener una web con imágenes, buen *copy*, un bonito logo e incrementar el número de seguidores y suscriptores en su comunidad, ya están haciendo una excelente gestión comercial. Lo cierto es que todo eso es *marketing*, pero hace falta la otra "pata", la de la venta, la que ocurre cuando hay una transacción y esos miembros de tu comunidad están dispuestos a invertir dinero, tiempo y esfuerzo en tus productos y servicios de pago y pasan de ser simples seguidores a verdaderos clientes.

Reconozco que algunas personas tienen complejos y creencias limitantes que les impiden ofrecer más valor con productos o servicios de pago por miedo a perder seguidores o a que se les tache de mercantilistas, pero si tienes un negocio es una realidad que debes afrontar y si las personas que te siguen te dejan de seguir es porque quizá no es el perfil de seguidores que buscas.

No sé tú, pero yo, si tuviera que elegir, prefiero tener 1 000 000 de euros por transacciones de ventas en mi empresa que 1 000 000 de seguidores en mi cuenta de Instagram... Evidentemente, si se dan las dos cosas mucho mejor, pero un *marketing* sin ventas es esfuerzo incompleto y desaprovechado.

Conozco emprendedores con mucha influencia en cuanto a número de seguidores que no viven de lo que hacen y todavía no entienden por qué. Quizá esto te dé una pista, se han quedado solo en el *marketing* sin estar acompañado de las ventas. Así que da igual si tienes muchos seguidores, la conversión de la venta se logra cuando realmente puedes ayudar a ese cliente con un servicio o producto y ha pagado por ello.

Te digo más, el *marketing* propiamente dicho es relativamente más fácil, ya que requerirás de una inversión de dinero y poner en circulación dentro de una campaña algunas ideas comunicando tu mensaje y propuesta de valor; incluso puedes apoyarte en alguna agencia que haga el trabajo por ti y se encargue de los detalles más técnicos.

Las ventas necesitan más pericia, metodología e incluso me atrevería a decir que algo de arte, ya que se aprende con experiencia; tanto si lo haces tú como si tienes un equipo, se necesita de un método para llevar a cabo una buena gestión comercial. Para ello, lo primero que sí o sí debes tener entre ceja y ceja es que tu producto o servicio solucione un problema o una necesidad a alguien. En conclusión, cuanta más claridad tengas tú con lo que ofreces más claridad le podrás ofrecer a tu cliente.

Fase de preparación

Esta fase es la parte más técnica del proceso, ya que necesitas cumplir con varios requisitos:

2. Tener productos o servicios paquetizados.

Como te dije en la perspectiva operativa, contar con la opción de empaquetar y poner un nombre y un precio concreto a tus servicios o productos te ayudará a facilitar el proceso de ventas y a moverte entre opciones por si alguna no encaja para tus potenciales clientes. Es lo que en ventas se llama hacer *upselling* o *downselling*. Tener diferentes opciones dentro de la escalera de valor te da esa flexibilidad y te permite estar mejor preparado.

Incluso podrías dar la posibilidad a tu cliente potencial de ver o probar el producto o servicio antes de comprarlo, permitiéndole tener un mejor criterio en el momento de tomar la decisión de compra.

3. Tener un guion de ventas.

Llámame exagerado, pero contar con una estructura para asegurarte de haber abordado correctamente todo el proceso de ventas es lo mejor que puedes hacer para medir la efectividad de la venta. Saber qué mensaje dar, en qué momentos escuchar, cómo rebatir una objeción, dar opciones al cliente, sería muy difícil sin una estructura previa; esto se aplica tanto si vendes a personas naturales como a empresas, un guion siempre será un arma de trabajo imprescindible.

No digo que debas tener un papel siempre enfrente de ti, pero si apenas empiezas con esto, te lo recomiendo al 100%. Personalmente, aunque ya lo tengo más asimilado en mi mente, todavía echo mano del guion para revisar si estoy siguiendo la metodología o si hay algo nuevo que me haya funcionado de manera espontánea y que haga falta incorporar.

Esta práctica constante de eliminar y añadir me ha permitido mejorar cada vez más y más el proceso, teniendo poco margen para la improvisación; ya sabes, no puedes saber cómo mejorar lo que haces si previamente no tienes algo en lo que te puedas referenciar.

Fase de ejecución

Una vez tengas preparado tu oferta y tu guion, viene el momento de la verdad, aquel en el que tienes el encuentro telefónico, presencial o virtual con tu potencial cliente, y para ello te recomiendo:

4. Tener una mentalidad de venta asesorada.

Recuerda que vender es servir, lo que implica que en algunas ocasiones tus productos o servicios podrían no ser útiles para todas las personas con las que hablas. He comprobado en mis carnes que a veces la mejor manera de vender es tener que decirle a esa persona que no puedes ayudarla, ya que tu servicio o producto no encaja dentro de lo que necesita, e incluso suelo tener colegas a los que refiero algunos posibles clientes, ya que no encajan dentro del perfil al que atiendo. Si estás cerrando una venta, tienes que tener claro que eso le va a beneficiar y si no lo tienes claro, mejor no hacerlo, quizá hayas perdido un posible cliente, pero has ganado la credibilidad de alguien que en un futuro podría convertirse en tu cliente solo por ese gesto de honestidad.

5. Tener un calentamiento previo antes del encuentro.

Nunca contacto con nadie en frío, siempre que hablo con alguien (sea por teléfono, por email o WhatsApp) lo hago porque previamente esta persona ha mostrado algún interés en mis productos o servicios. Dependiendo de su interés y la categoría del servicio que busque, suelo enviar un formulario previo para cualificar su necesidad, hacerme una idea de cuál es su problema y luego tener una conversación gratuita de 30 minutos, tanto para que esa persona tenga la posibilidad de valorar si le puedo ayudar como para yo evaluar si es el perfil de cliente que busco.

Esto, evidentemente, me permite tener una posibilidad de cierre más alta y me quita de encima la etiqueta de "ser pesado" molestando a la gente, cosa que, por cierto, me parece invasivo y tiene un efecto contraproducente con la marca a la que representa ese vendedor; ya sabes, me refiero concretamente a los pesados de las compañías telefónicas, seguros y todo lo que vaya dirigido a la gran masa con precios *low cost*.

Lo siento si es tu caso como vendedor, pero creo que se han quedado en el principio de la venta por estadística que innegablemente aún funciona, aunque sean los que generan una connotación negativa en la gestión de ventas. Lo único bueno que veo en este sistema es que te puede dar horas de experiencia para aguantar que te digan que no constantemente y así por lo menos aprender lo que no tienes que hacer.

6. Busca crear empatía.

Los primeros 5 minutos de tu conversación tienen que buscar generar química con tu interlocutor, hablando incluso de cosas que no tienen nada que ver con el motivo del encuentro, cosas como ¿dónde estás ubicado?, ¿qué tal el clima?, ayudan a romper el hielo y a distender el ambiente.

Busca mantener el canal por el que el cliente prefiere ser atendido; si es por teléfono, entonces hablad por teléfono, si es por WhatsApp o Telegram, que se haga la conversación por estos medios; si necesita verte personalmente agenda una reunión presencial; en fin. adáptate cuanto puedas a su necesidad.

Si puedo elegir y por parte del potencial cliente no hay problema, trato de llevarlo todo a lo más cercano posible; empiezo con lo presencial en una oficina, café o restaurante, la siguiente opción es la *online*, con una conversación vía Zoom con el vídeo activado y, finalmente, está la opción de llamada telefónica que puede derivar en un seguimiento vía email o chat.

7. Identifica cuál es su dolor o problema.
A partir de este punto, tendremos un objetivo y una herramienta concreta para trabajar.

- Objetivo: Saber cuál es su necesidad y por qué estamos aquí.
- Herramienta: Cuestionario de cualificación.

La mejor manera que conozco para identificar cuál es la situación problemática de los potenciales clientes es haciendo muchas preguntas; estas preguntas me permiten hacerme una idea de la situación y valorar si realmente puedo ayudarle. Así que pregunta mucho, porque la clave son las preguntas.

Es decir, contrario a lo que muchos piensan que la venta va de hablar mucho, el enfoque que te propongo es todo lo contrario, escucha mucho y plantea muchas preguntas con un enfoque más socrático.

A continuación, quiero compartir contigo algunas de las preguntas que considero claves en el proceso de ventas para tener una mejor cualificación de tu potencial cliente.

Hola, soy Fabián, estoy encantado de tener esta llamada contigo. Te contaré qué vamos a hacer para aprovecharlo al máximo. Quiero plantearte algunas preguntas, dependiendo de tus respuestas y qué tan bien nos llevemos, decidiremos si podemos seguir adelante. ¿Te parece bien?

Pregunta 1. ¿Qué te ha hecho llegar hasta aquí?
Aquí lo que buscamos es encontrar cuál es el punto que no ha solucionado y saber cómo le hace sentir esa situación, qué le genera o qué le supone en su vida o proyecto.

Claramente veo que sabes lo que quieres. Me has dado una buena descripción. Déjame preguntarte algo.

Pregunta 2. ¿Por qué todavía no lo tienes? ¿Qué es lo que te está limitando?
Necesitamos indagar cuáles son los motivos que cree que le hace mantenerse con ese problema; por cierto, en mi caso personal, si busca culpar a alguien más de su situación, podría darme indicios de que quizá no sea el perfil de cliente que busco.

Pregunta 3. ¿Si te quedas 12 meses más así, qué pasaría, cómo lo ves?
Con esta pregunta buscamos establecer cuál es el límite permitido y entender qué tan dolorosa es la situación para el potencial cliente.

Pregunta 4. ¿Qué recursos, talentos, contactos o habilidades tienes que actualmente no estés usando al máximo que te puedan servir para superar tu obstáculo y alcanzar tu objetivo?
Esta considero que es la pregunta más complicada de todas, ya que les invita a pensar más allá y a veces es algo que duele, te buscan a ti porque no quieren pensar, creyendo que quizá tú tengas la solución para todos sus problemas. Lo cierto es que hay que descubrir qué recursos tienen en los que como solucionador de problemas puedas apoyarte para ayudarle. Incluso esta pregunta pueda llevarlos a concluir que la conversación contigo sea uno de esos recursos.

8. Proponer una solución.
- Objetivo: Después de explorar los aspectos problemáticos e identificar cuál es la raíz de su situación, queremos crear una imagen de cómo sería su futuro consiguiendo eso que desea conseguir.
- Herramienta: Cuestionario de cualificación.

Imagina que tú y yo empezamos hoy a trabajar juntos. Yo te enseño todo lo que pueda para ayudarte a mejorar tus resultados. Ahora imagina que estamos sentados en un café dentro de un año.

Pregunta 5. ¿Cuánto crees que podrías avanzar si fueras capaz de eliminar los obstáculos y apoyarte en tus recursos?
Buscamos crear un marco o visión de futuro que les inspire y les permita verse con el problema ya solucionado, incluso que esto le permita minimizar el problema y tener una posición de más control y liderazgo.

Pregunta 6. ¿Cómo sería tu vida a nivel personal y profesional para estar feliz con tu progreso y pensar que ha sido la mejor decisión que has tomado?
Buscamos identificar lo que tendría que pasar en su vida para que sienta que realmente ha solucionado su problema, algo concreto que pueda materializar; esto se convertirá en un objetivo a alcanzar con el producto o servicio que ofreces.

Pregunta 7. ¿Por qué quieres esto? (Respeto, inclusión, propósito.)
Queremos conocer cuál es la motivación que hay detrás y ver qué otros recursos podemos ofrecerle para que finalmente lo consiga.

Pregunta 8. ¿Qué más...?
Esta pregunta deja abierta la posibilidad de que te cuente más cosas de manera libre y espontánea sin dejar flecos sueltos, para ofrecer la mejor solución. Toma nota de algunas de las frases que use para luego parafrasearlas y asegurarte de que has entendido su dificultad.

Ok, recapitulemos un momento.
Estás aquí porque xxxx, lo que quieres conseguir es xxxx y la motivación para ello es xxxx, además de xxxx. No has podido alcanzarlo básicamente porque xxxx y, además, xxxx, ¿correcto?

9. Hacer el cierre de la venta.

- Objetivo: Identificar si puedes finalmente darle la solución a su problema y si cualifica dentro de tu perfil de cliente. El cierre busca o bien cerrar la transacción o declinarla; en definitiva, tener una respuesta clara y concreta.

- Herramienta: Producto o servicio.

Pregunta 9. Una última pregunta, ¿quieres que te ayude a conseguir esos resultados?
Puede que después de toda la conversación concluya que tu solución no resuelve su problema, así que tienes que estar preparado para escuchar un no, un déjame pensarlo, un te llamaré o un sí claro y definitivo. Si la respuesta es sí...

Con todo lo que me has comentado, creo que esto es para ti.
Imagino que te gustaría saber el precio.
OK. El precio es xxxx euros. Esto incluye... (dar los beneficios y características del producto o servicio).

Pregunta 10. ¿Quieres que lo hagamos?
Buscamos tener una repuesta clara y definitiva, en la medida de lo posible positiva. Lo mejor sería que pueda realizarse la transacción financiera durante la conversación teniendo diferentes opciones de pago disponibles. Ayúdale en el proceso de pago por si hace falta. Muchas veces el cierre se da inmediatamente, aunque en la mayoría de los casos, y lo digo por experiencia, cuanto mayor sea el precio del servicio, más tiempo necesita el potencial cliente para pensarlo y tomar la decisión, pero se define en el paso 10 dentro de la fase de seguimiento.

Fase de seguimiento

10. Hacer el control y seguimiento.
- Objetivo: Obtener una respuesta definitiva por parte del potencial cliente tanto para que te diga que si o que no.
- Herramienta: Excel o CRM.

Decía Chet Holmes que el seguimiento es lo que establece la diferencia entre la mediocridad y la grandeza, y en las ventas, el seguimiento no es un paso específico del proceso, es en realidad una actividad que hacemos durante todos los pasos de la venta.

Una máxima de la gestión comercial es que la gran mayoría de los cierres de ventas se da en el seguimiento, incluso algunos afirman que se requieren más de 10 impactos (por teléfono, email, o chat) para saber hasta dónde insistir con ello.

Este es un talón de Aquiles de los dueños de negocios y emprendedores, que se desaniman al ver que a la primera de cambio no logran cerrar la venta. En mi experiencia, el seguimiento es algo que debe hacerse de manera diaria, no necesariamente con el mismo potencial cliente, sino haciendo un repaso a toda la base de datos, pero es algo que debería estar en la agenda como una tarea fija.

El seguimiento nos ayuda a valorar el estado y la temperatura de ese potencial cliente, que podría estar frío si ha pasado más de una semana sin contactar y no responde a tus mensajes, templado si muestra interés, pero aún no se decide, o caliente esperando a tener el momento o el dinero para realizar la compra. Deberías tener categorizado el estado y la temperatura para saber cómo hacer el seguimiento, empezando de lo caliente a lo frío.

Existe una gran cantidad de herramientas para hacer seguimiento, poniendo incluso una puntuación (*lead scoring*) para señalarte la calidad del contacto con lujo de detalles, se llama CRM (*customer relationship manager*). He utilizado varias y son muy útiles, pero si te resulta costoso o difícil de manejar ya sabes que Excel siempre será tu amigo.

Una cosa que quizá vas a empezar a notar cuando hagas el seguimiento, es que te van a decir que no, muchas veces, y creo que es una de las situaciones que más frenan el hecho de hacer un buen seguimiento. El hecho es que para las personas que están poco experimentadas existe una aversión al rechazo y casi un miedo al hecho de que te digan que no varias veces todos los días. La única solución que conozco para afrontar esta realidad es haciendo mucho seguimiento a diario hasta que sea para ti una situación natural y lo asumas como parte del proceso; en serio, no hay otra forma.

En uno de los másteres para emprendedores en los que tuve la oportunidad de enseñar algunos contenidos en temas de ventas, invitábamos a los alumnos a que salieran a la calle a pedir el número de teléfono a personas del sexo opuesto con la única intención de que como respuesta tuvieran un NO rotundo; la idea era traer de vuelta a la clase por lo menos 40 "noes" en el lapso de una hora y el ganador era el que más noes hubiese acumulado. Tenía gracia todas las anécdotas que nos contaban al regreso, pero el trasfondo del ejercicio era asumir con naturalidad esta realidad. ¿Te animas a salir a la calle y hacer el ejercicio? Ojo, para efectos del ejercicio no vale que te digan que sí y pide permiso a tu pareja ☺.

Así que hay que asumirlo de manera natural y saber que hay varios factores que influyen en la decisión final de compra y el NO es algo a lo que tendrás que acostumbrarte. Por ejemplo, en mi experiencia personal vendiendo programas de formación, he detectado que, en general, es más fácil tener una respuesta definitiva en países como España, pero cuesta mucho en países latinoamericanos como Colombia, México, Perú. Allí las personas suelen ser muy amables, te muestran mucho interés, incluso se podría decir que están interesados en comprar, pero a veces se trata de una forma de evadir un compromiso y no pasar por la situación de tener que decirte que no, luego te das cuenta que se trataba de una forma de quedar bien, ya que no vuelven a responder a tus mensajes. No sé si se trata de un tema cultural o de capacidad económica o de que necesitan más tiempo para pensar y tomar una decisión. Yo soy un colombiano que vive en España y, aunque me puedo hacer una idea de lo que podría ser en cada caso puntual, reconozco que no tengo claro cuál es el factor determinante.

Esto no quiere decir por supuesto que todo el que está en España te dirá que sí y que todo el que está en Latinoamérica te dirá que no, es simplemente una reflexión generalizada de cómo se comportan los potenciales clientes ante factores externos económicos y culturales que juegan un papel determinante en el momento de tomar la decisión de compra.

Yo he escuchado a muchos gurús de las ventas diciendo que el factor económico no debería ser un problema para el vendedor, ya que finalmente los clientes compran lo que quieren y si hace falta endeudarse para ello lo harán y que mejor si lo hacen para comprar tus productos. Aunque confío plenamente en la efectividad de nuestros programas de formación y consultoría empresarial, no tengo estómago para decirle a alguien que se endeude para comprar uno de mis servicios, no me gusta sugerir algo que yo personalmente no haría, prefiero sugerirle que tome un producto más económico o incluso si su realidad es que no tiene ni siquiera para cubrir sus necesidades básicas, le sugiero que empiece por el contenido gratuito. La idea es que de alguna manera tengas opciones de ayudarle a solucionar su necesidad, deseo o problema, que es el fin último de la venta.

Lo cierto es que tanto en el cierre de la venta como en la fase de seguimiento te vas a encontrar muchas excusas u objeciones que justificarán para los potenciales clientes el hecho de decirte que no. Aunque esto es algo que debes asumir, sí que te recomiendo estar preparado para rebatir esas objeciones, ya que a veces surgen de manera legítima y en lugar de hacerte conjeturas o tener prejuicios acerca del porqué no han comprado, tu trabajo es mirar cómo puedes solucionar su limitación. Si no tienes esto claro es posible que las objeciones estén solo en tu cabeza en lugar de en la del potencial cliente.

Las objeciones, generalmente, se deben a cuatro razones básicas y nuestro trabajo es identificar cuál es aquella que le limita para saber cómo solucionarla. ¿Y cómo lo hacemos?, pues preguntando.

La pregunta es así de sencilla: ¿qué te está limitando ahora para que puedas comprar este servicio?

Y una vez escucho su respuesta identifico cuál es la motivación de la objeción y la personalidad de mi potencial cliente, algo que por cierto he ido construyendo en base a mi experiencia comercial y que comparto contigo a manera de referencia siendo consciente de que puede cambiar en función del sector o el tipo de producto o servicio que ofrezcas, pero te invito a que te construyas tus propios perfiles de tus potenciales clientes para saber cómo abordarlo y gestionar sus necesidades.

Conocer el perfil del comprador es importante, ya que te ayudará a enfocarte en hablar su propio idioma. Si puedes identificarte con tu cliente y saber qué le motiva estarás más cerca de cerrar esa venta.

Perfiles del comprador

NATURALEZA DE LA PERSONA	EXTROVERTIDO	INTROVERTIDO
PENSAMIENTO	COMPRADOR IMPULSIVO	COMPRADOR ANALÍTICO
SENTIMIENTO	COMPRADOR DE EXPERIENCIAS	COMPRADOR EMOCIONAL

Comprador impulsivo
- Característica:

Personas lanzadas, toman decisiones rápidas, les gustan los desafíos, no ponen su foco en el precio sino en la sensación de haber dado con una solución a su problema.

- Forma de gestionar:

Darle la opción de pago de manera inmediata.

Comprador analítico

* Característica:

Son estructurados, suelen revisarlo todo. Toman decisiones basándose en la lógica y funcionalidad del producto o servicio.

* Forma de gestionar:

Entregar una propuesta o PDF para explicar la estructura, método, forma de trabajo y características del producto o servicio.

Comprador de experiencias

* Característica:

Más que la estructura, necesitan saber que será divertido, que se lo pasarán bien y que compran toda una experiencia; están más interesados en las cosas prácticas que en la teoría.

* Forma de gestionar:

Hay que enfatizar los beneficios, los valores agregados, la interacción con otras personas, etc.

Comprador emocional

* Característica:

Son más tranquilos, van paso a paso, con las revoluciones bajas. Les preocupa saber si el producto o servicio encajará en su ritmo y estilo de vida.

* Forma de gestionar:

Enfatizar en cómo le hará sentir tu producto o servicio después de tenerlo y aplicarlo. Busca el vínculo afectivo entre el producto o servicio con el potencial cliente.

Las objeciones pueden surgir en el momento de hablar con el cliente o en la fase de seguimiento. Si notas que empieza a alargarse mucho (que tome, por ejemplo, más de una semana), pero has hecho bien el trabajo de la venta, las objeciones llegarán resueltas.

Salvo que te hayan mentido en la llamada, en cuyo caso deberás detectar en dónde está la verdadera limitación.

En cuanto a las objeciones, estas son las top 4 y la manera en que puedes gestionarlas:

Objeción de "no hay confianza"

Es una de las principales razones por la que la mayoría de las personas finalmente terminan no comprando, por lo cual es fundamental que en las fases previas se pueda generar empatía y que el potencial cliente se sienta tranquilo para confiar tanto en ti como en la solución que ofreces.

● Herramientas para gestionar esta objeción:
   Hacer uso de testimonios de otras personas, tiempo en el mercado, personas satisfechas, una garantía de devolución.

● Pregunta clave que puedes hacer si detectas que no hay confianza:
   ¿Qué podríamos hacer para que tu confianza en esta solución aumente?

Objeción de "no hay urgencia"

Cuando alguien te dice que se tomará su tiempo, es porque aún esa situación no es una prioridad para él o ella. Esta es una de las objeciones respecto de las que el vendedor requiere poner fechas límites (*deadline*) y así incentivar el hecho de que el potencial cliente se perderá algo si no lo acepta dentro del plazo fijado.

● Herramientas para gestionar esta objeción:
   Ofrecer descuentos, tener número de unidades limitadas, incluir bonos dentro de ese plazo.

● Pregunta clave que puedes hacer si detectas que no hay urgencia:
   ¿Solucionar este problema es realmente una prioridad para ti?

Objeción de "no hay dinero"

Lo primero que debo decirte con relación a esta objeción es que la gente tiene dinero para lo que realmente quiere y si no, lo consigue; lo cierto es que cuando dice que no tiene dinero, lo que realmente está diciendo es que no tiene dinero para ti o no está 100% seguro de que tu propuesta solucione su problema o necesidad.

Por cierto, una de las prácticas usuales ante el eventual caso de que el potencial cliente te diga que no tiene dinero, es ofrecer un descuento para no perder la venta. Mi recomendación es que nunca ofrezcas un descuento sin ninguna justificación; tiene que haber una razón creíble para ello, de lo contrario puedes generar inconscientemente dudas de que podrías estar engañándolo con el primer precio y mostrará tu desesperación, lo cual no suma a la hora de cerrar la venta.

- Herramientas para gestionar esta objeción:
  Puedes ofrecer un plan de financiación personalizado, afianzar los beneficios.

- Pregunta clave que puedes hacer si detectas que no hay dinero:
  ¿Cuál sería para ti la mejor manera de ir haciendo los pagos?

Objeción de "no hay tiempo o compromiso"

Esta objeción se diferencia de la "no urgencia" en que el potencial cliente, aunque es consciente de su necesidad y tiene la urgencia y el dinero para ello, sabe de antemano que la falta de gestión de sus prioridades no le permitirán comprometerse al 100%. Esa falta de compromiso, sobre todo si se trata de servicios o productos educativos, hará que termine comprando algo que nunca usará.

Tengo un amigo que compró un curso de gestión inmobiliaria en Estados Unidos por 25 000 dólares hace más de 4 años y, aunque estuvo mucho tiempo recibiendo material y aún mantiene la idea de que algún día lo revisará, lo más seguro es que, con el paso del tiempo y la acumulación de material, finalmente nunca lo revise, ya que su nivel de compromiso aún no es lo suficientemente alto para hacerlo y sus prioridades son otras.

Creo que, como vendedores de servicios profesionales, el nivel de compromiso de nuestros clientes nos debería importar mucho, ya que de sus resultados dependerá tener casos de éxito y que traigan como referidas a otras personas que también puedan beneficiarse.

De ahí la importancia de tener claramente estructurado tu servicio, de forma que permita tener una visión clara acerca de cuánto tiempo tomará trabajar en ello y cuánto sería lo mínimo para empezar a ver resultados, así como tener una metodología que permita ver el avance en el proceso.

- Herramientas para gestionar esta objeción:
  Plantear metodologías con principio y fin.

- Pregunta clave que puedes hacer si detectas que no hay tiempo:
  - ¿Ahora no es el momento? Pero entonces cuándo es, me has dicho que llevas 2 años con esta situación, ¿vas a seguir postergando la decisión?
  - ¿Ahora mismo cuál es tu nivel de compromiso para cambiar tu situación? ¿Crees que es suficiente para cambiarlo?

En conclusión, dentro de la gestión de las ventas, a medida que vayas teniendo más interacciones con tus potenciales clientes, podrás detectar incluso desde el principio, por su perfil, las palabras que usa, su forma de responder..., la manera en que podrás abordar e intentar solucionar su necesidad.

Conocer estas objeciones de antemano y saber cómo abordarlas, te ayudará sobre todo a enlazar la objeción con la solución más apropiada, ya que no hacerlo de esta manera dará la sensación de que no estás escuchando. Es como si le ofrecieras un descuento a alguien que claramente te ha dicho que no tiene tiempo. No ofrezcas un descuento a alguien cuya objeción no es la falta de dinero.

Por último, desde mi punto de vista y experiencia creo que de las cuatro objeciones, la más importante es la de "no hay confianza", ya que, si somos capaces de ganarnos la confianza, las otras objeciones serán más fáciles de gestionar.

Yo he conocido casos de personas que me dicen que teniendo el tiempo, el dinero e incluso la urgencia para comprar algún producto o servicio, cambiaban su decisión de compra porque al valorar y leer los comentarios y opiniones negativas de otras personas, les generaba desconfianza. Por otra parte, he tenido casos en que, no teniendo tiempo, dinero ni urgencia, la solución les daba tanta confianza que lo compraban sin pensarlo tanto. En conclusión, trabaja en ganarte la confianza de tus potenciales clientes y lo demás se solucionará como añadidura.

Quiero cerrar esta perspectiva comercial de la cual podría hablar más en detalle por la importancia que representa dentro de tu proyecto; sin embargo, soy consciente de que puedo estar extendiéndome más de lo que debería, teniendo en cuenta la temática de la gestión empresarial de alto rendimiento de este libro. En cualquier caso, contar con una estructura y guiones claros te ayudará a optimizar los tiempos y ser más efectivo a la hora de ponerte en marcha.

Por último, en cuanto a la perspectiva comercial, me gustaría plantearte proyectos, actividades y tareas mínimas que debes tener en tu negocio para gestionarla eficientemente:

Planificación. Definir proyectos:
Oferta paquetizada y guion de ventas.

Organización. Clasificar proyectos y definir tareas de alto valor:
Campaña de *marketing* para el producto o servicio x.
Gestión de redes sociales.
Gestión de ventas.

Ejecución. Hacer tareas repetitivas y complementarias:
Seguimiento diario de potenciales clientes.
Actualización de Excel o CRM.
Envío de propuestas comerciales.

Seguimiento y control. Revisar indicadores-reuniones
Reunión mensual para la revisión de indicadores comerciales.

Indicadores clave:
-Número de propuestas enviadas
-Porcentaje de conversión

"Sin ventas no hay paraíso."

Capítulo 11. La perspectiva administrativa

Planear es traer el futuro al presente para poder hacer algo por el ahora.

ALAN LAKEIN

En el libro *Tracción* de Gino Wickman, se plantea la gestión administrativa como el eje integrador de todas las áreas y perspectivas de un negocio y lo cierto es que si existe una perspectiva capaz de organizar al resto, es la perspectiva administrativa.

Aunque en el ámbito hispano la palabra "administrativa" tiene una connotación más de servicio y funcionariado público con labores de papeleo y trabajo de secretariado, me gustaría reivindicar la verdadera esencia de lo que significa esta palabra, que no es más que gestionar o manejar, o dicho en estilo angloamericano, sería *management*.

Una de las herramientas más clásicas que se proponen dentro de la gestión administrativa es la utilización de organigramas o jerarquías que muestran cómo fluye la comunicación entre cada departamento de una organización y las responsabilidades que estos conllevan.

Soy consciente de que el uso de organigramas de estilo vertical donde se reflejan los niveles jerárquicos en las organizaciones de hoy en día está cada vez más en desuso, pero esto no quiere decir que no esté claro quién toma las decisiones y quiénes son los responsables por el proyecto x o y.

Personalmente, creo que una de las razones de este desuso ha sido la idea de incentivar en el equipo de trabajo la creencia de que todos son iguales y que todos tienen el mismo nivel de importancia dentro de la organización. Pero me pregunto, ¿realmente son todos iguales dentro de una organización? o ¿se trata de un eufemismo para no llamar o mostrar las cosas por su nombre?

Está claro que para que una organización, negocio o proyecto emprendedor funcione, se requiere establecer claramente los niveles de liderazgo, da igual si es horizontal, vertical, circular o cualquier otra figura geométrica que quieras exponer, siempre habrá quien lidere y tome las decisiones trascendentales en la organización. Otra cosa muy diferente es que este gran jefe tenga que hacer cola en la cafetería de la empresa como todos los demás para comprar un café, pero una cosa no quita la otra.

El otro día vi en LinkedIn cómo se hizo viral una publicación que hizo la directora de comunicación de una empresa de bebidas alcohólicas, donde mostraba al presidente de la compañía haciendo cola en el restaurante como todos los demás. Aunque no deja de causar ternura la foto, y he de reconocer que por parte de la persona de comunicación tanto la foto como el mensaje fue todo un acierto, afirmar que porque el presidente hace cola igual que los demás, se trata de una organización plana e igualitaria es algo muy aventurado; sigue siendo el presidente y seguramente sus responsabilidades, tamaño de oficina, sueldo y beneficios sean totalmente diferentes al resto de los que estaban pacientemente en la cola.

Así que esta es la reflexión: para que un proyecto funcione, es necesario integrar todas las perspectivas y establecer los niveles de liderazgo dentro de la organización. Es la única manera en la que podemos garantizar que hay una o varias "cabezas pensantes" que van hacia una dirección y que todos los objetivos están alineados.

Otro de los factores claves en la construcción de la perspectiva administrativa es la realización de un plan de acción anual. No me refiero el típico plan de negocios que se usa para solicitar un préstamo bancario, ni tampoco me refiero al modelo de negocio que se dibuja en un Canva siguiendo la metodología Lean; me refiero a un documento donde puedan aparecer todos los proyectos clasificados por perspectiva y se puedan reflejar los responsables y los tiempos marcados para la ejecución de cada proyecto.

La mejor herramienta que conozco para ello es el diagrama de Gantt y la puedes encontrar en aplicaciones como Microsoft Project, Tom's Planner o si te resulta muy complicado ya sabes cuál es mi preferencia, lo puedes hacer en una hoja Excel.

Un plan de acción te dará una visión general, será tu hoja de ruta para saber qué cosas harás durante el año. Mi recomendación es que traces proyectos trimestralmente y hagas una revisión semanal, mensual y trimestral para ver cómo va la ejecución.

Soy consciente de que la planificación es una tarea que está infravalorada en los tiempos que corren de incertidumbre y cortoplacismo en que vivimos, la gente cada vez más suele pensar que el futuro es el resultado de eventos aleatorios, pero en tu negocio ¿por qué esperas tener éxito sin tener un plan para que esto suceda?

Hagamos eco del consejo que nos da Peter Thiel en su libro *De cero a uno* acerca de cómo crear el futuro: "El darwinismo puede ser una buena teoría en otros contextos, pero en el de las startups funciona mejor el diseño inteligente. Una startup supone el mayor esfuerzo sobre el que puedes tener un dominio definido. Puedes tener el poder no sólo en tu vida, sino sobre una pequeña e importante parte del mundo. Y empieza por rechazar la injusta tiranía del azar. Tú no eres un billete de lotería."

Por último, me gustaría también que incluyeras en tu perspectiva administrativa la creación de una plataforma estratégica donde esté claramente definida la visión, misión y valores de tu proyecto, puedas definir los cargos y los perfiles de las personas que necesitas y establecer los procedimientos e indicadores para una correcta ejecución y sistematización del negocio.

Dentro de la perspectiva administrativa, me gustaría plantearte proyectos, actividades y tareas mínimas que debes tener en tu negocio para gestionarla eficientemente:

Planificación. Definir proyectos
Estructura organizacional u organigrama.
Plan de acción anual.

Organización. Clasificar proyectos y definir tareas de alto valor
Establecer proyectos por cada perspectiva.
Sistematización de perfiles, puestos, procedimientos e indicadores.

Ejecución. Hacer tareas repetitivas y complementarias
Seguimiento diario, ejecución de proyectos.
Elaboración de documentos y procedimientos.
Revisión y actualización de plan de acción semanal.

Seguimiento y control. Revisión de indicadores-reuniones
Reunión mensual para la revisión de plan de acción, proyectos y objetivos.

Indicadores clave:
- Proyectos ejecutados vs. proyectos previstos.
- Gestión de desempeño del equipo de trabajo.

Bien, hasta el momento hemos planteado cada una de las perspectivas y nos hemos enfocado en describir lo que cada una significa y cuáles serían algunos de los proyectos, tareas de alto valor, repetitivas, complementarias y de seguimiento con algunos posibles indicadores.

Pero hay algo dentro del día a día que se repite, que está presente en cada una de las perspectivas y que requiere una forma adecuada de manejarse, son estas dos tareas: el correo electrónico y las reuniones.

Para ello quiero compartir contigo a manera de *checklist* algunas recomendaciones para hacer una mejor gestión de estas dos actividades inevitables dentro de tu gestión.

Tareas repetitivas y complementarias: comunicaciones escritas

Aún suelo responder personalmente a todas las comunicaciones que recibo por email, WhatsApp e incluso redes sociales. No tengo asistente personal y tengo como compromiso personal responder un promedio de 50 mensajes diarios dedicando no más de una hora. Es por eso que mi bandeja de entrada desde hace más de 10 años siempre está limpia, y no tengo mensajes que reciba que no haya respondido o procesado dentro de 24 horas en días hábiles.

Quizá cambie mi punto de vista al respecto de tener un asistente personal en el futuro, cuando la dimensión de la tarea justifique la necesidad de tenerlo para ser más eficiente. De momento, si tampoco es tu caso, te aseguro que no necesitas un asistente si sabes cómo hacer una buena gestión empresarial y gestionar tu productividad personal.

El correo electrónico puede sonar *a priori* para muchos emprendedores como algo poco importante, incluso he escuchado por parte de algunos que no lo revisan porque consideran que es una pérdida de tiempo, otros lo consideran una tarea delegable, que se puede resolver con IA y otros prefieren tener mensajes acumulados que superan más de 12 meses llegando a cifras inmanejables de más de 1000 mensajes. No sé tú, pero creo que el ruido que esto genera por falta de un método en lugar de hacerte más ligero, lo que hace es poner un peso innecesario en tu vida, es una bola que, a medida que pasa el tiempo, se hace más difícil de tragar.

Por otra parte, déjame decirte que el email no puede verse como algo disociado de las 4 perspectivas, no todo lo que te llega son notificaciones y publicidad, podrías tener entremedias un email para cerrar una venta, un wasap de tu diseñador para los ajustes de la web, un mensaje en Instagram de alguien proponiéndote una colaboración; en fin, al ser una tarea repetitiva y complementaria deberías tener un espacio dentro de tu agenda para ejecutarla. Mi reflexión es: ¿cuántas oportunidades estarás perdiendo por no darle la importancia que tiene?

Si aún te preguntas cómo puedes tener tu bandeja limpia cada 24 horas con todo respondido y procesado, aquí te dejo algunas recomendaciones:

1. No empieces el día abriendo tus comunicaciones: dedica el primer bloque del día a realizar una tarea de alto valor o, dicho de otra manera, tu roca.
2. Establece un momento puntual para revisar las comunicaciones: define como máximo dos momentos del día. Personalmente reviso mis comunicaciones una vez a las dos de la tarde y me concentro en ello procesando todo lo que hay, independientemente de a qué perspectiva corresponda; aquí activo tanto el sentido de urgencia como el modo Terminator. Así que revisa menos a lo largo del día, no abras tu correo en busca de mensajes nuevos; esta práctica, además de distraer, puede generarte la sensación de tener muchas cosas que hacer, lo cual te satura y te bloquea.
3. Céntrate en pocas cuentas: no tengas muchos emails o perfiles abiertos, ya que esto hará la labor de respuesta más engorrosa; mi recomendación es que como mucho tengas dos cuentas de email (pública-privada) para que la recepción y respuesta de mensajes esté focalizada.
4. Incorpora una revisión integral: cuando revises el email, en esa misma franja horaria comprueba el resto de las comunicaciones, esto incluye mensajería instantánea,

correo físico, redes sociales y todo lo que requiera revisión o dar respuesta de manera escrita.

5. Establece solo un sitio para revisar tu correo: tener la posibilidad de verlo en tu móvil, en el ordenador, en la tableta, hará que constantemente tengas la tentación de mirarlo. En mi caso solo lo proceso en la hora indicada desde mi ordenador.

6. Crea un modelo de respuesta o estructura. Tanto para enviar como para recibir emails, suelo tener una estructura simple, con saludo, oraciones cortas dentro del cuerpo del mensaje y despedida, incluso suelo apoyarme en plantillas que luego adapto y personalizo. Ir al grano y ser educado no es algo incompatible.

7. Crea borradores antes de enviar: para aquellos mensajes importantes (un cliente importante, un problema por resolver, una crítica o comentario negativo) escribe tu mensaje sin enviarlo y dale tiempo para aclarar tus ideas, así no escribes en caliente y piensas en una respuesta mejor.

8. Clasifica tus mensajes dentro de tu bandeja de entrada en carpetas una vez leídos y respondidos, de manera que tu bandeja se vaya quedando limpia y solo tengas allí lo que está pendiente de ser procesado. Yo suelo tener 4 carpetas principales (gestión financiera, operativa, comercial y administrativa) con sus respectivas subdivisiones.

9. Crea filtros y limita tus suscripciones: este es uno de los factores que genera saturación y hace que no quieras mirar el email; los filtros permiten recibir los emails categorizados de manera automática, también te recomiendo que te des de baja de *newsletters* que no lees o sigues y así no perderás tiempo en eliminar cosas que finalmente no vas a revisar.

10. Escribe menos mensajes y recibirás menos: el email es una herramienta para facilitar la comunicación y no para complicarla, lo que tengas que hablar por teléfono o

WhatsApp es mejor hacerlo por esa vía y evitar convertir el email en un chat interminable que no llega a ninguna conclusión o, peor aún, termina generando confusión.

Tareas de seguimiento y control: reuniones

En cierta oportunidad escuché decir a un compañero de trabajo que no se puede trabajar sin reuniones, pero sí sin la mayoría. Lo cierto es que muchas de las reuniones que se hacen sin planificación y objetivos claros representan una verdadera pérdida de tiempo y, en lugar de poner en un estado de emoción por ver cómo vamos, termina convirtiéndose en una tarea pesada y molesta para la mayoría de los que asisten a ellas.

Lo cierto es que reunirse no tiene nada de malo, pero las reuniones que se hacen sin un propósito definido son una carga que arrasa con una buena gestión empresarial y la productividad personal. Además, se corre el riesgo de perder todo un día de trabajo si no se hace siguiendo una metodología; esto claramente sería un cronófago destructor que algunos llaman "reunionitis", una enfermedad silenciosa y adictiva que mina la salud del equipo de trabajo.

Así que no se trata de hacer reuniones por hacer o tener la sensación de estar ocupado; realizar reuniones de manera sistemática es algo que no está sujeto a la casualidad o a tu estado de ánimo, está sujeto al hábito de crear puentes de comunicación y tener unas mejores prácticas para reunirse.

En mi experiencia emprendedora y tras implementar este sistema de reuniones en empresas con las que he tenido la oportunidad de trabajar, estas son en resumen mis mejores recomendaciones:

1. Llevar una agenda preparada con objetivos concretos: nunca asistas a una reunión que no tenga preestablecidos los temas que allí se tratarán, te podrías llevar la sorpresa de que quizá no era necesaria tu presencia o incluso podría

haberse evitado la reunión con una llamada telefónica o un par de emails.

2. Tener una duración determinada y ser puntuales: no hay nada que genere más impaciencia que estar en una reunión que no sabes cuándo terminará, para ello es importante establecer el tiempo desde el principio de manera que la reunión no altere el resto de las actividades y tareas dentro de la agenda diaria.

3. Estar presente en cuerpo y alma: ya que has destinado un tiempo para reunirte, te recomiendo que alejes tu móvil o cualquier otra distracción que no te permita estar enfocado en los temas que se discutan en la reunión. Es desagradable estar en una reunión donde la gente habla en voz baja entre ellos o están distraídos revisando otras cosas; además, es una práctica de mala educación. El lema debe ser "mantener una sola reunión".

4. Hacerlas prácticas y resolutivas: en una reunión como mínimo se debe dar respuesta a tres preguntas claves: ¿Qué hay que hacer? ¿Quién lo va hacer? ¿Cuándo se va a hacer?

5. Estar prediseñadas: el concepto de reunión extraordinaria no debería convertirse en algo ordinario, podría ocurrir en una situación pandémica, la pérdida o consecución de un cliente importante, la muerte de algún miembro del equipo; en fin, situaciones que no sean cotidianas, para todo lo demás es necesario que exista un plan o calendario de reuniones donde se sepa lo que se hará, cuánto tiempo durará y quiénes deben participar.

En mi experiencia personal, este sería el tipo de reuniones que deberías incluir en tu proyecto emprendedor:

Tipo de reunión	Objetivo	Duración
Diaria	Revisión de tareas y actividades exprés	15 min
Semanal	Objetivos estratégicos	60 min
Mensual	Proyectos e indicadores de gestión FOCA	120 min
Trimestral	Proyectos e indicadores trimestrales FOCA	120 min
Semestral	Plan de acción, indicadores semestrales FOCA	4 horas
Anual	Nuevo plan de acción, nuevos proyectos, balance, valores, cohesión de equipo, indicadores anuales	8 horas (todo el día)

Si te fijas y calculas el tiempo que tendrías que disponer para reunirte con tu equipo teniendo en cuenta el número totales de horas en un año (entre 1800-2000 horas) no gastarás más de 100 horas en total, lo cual es aproximadamente el 5% del tiempo disponible de trabajo, un 5% para gestionar, mejorar y controlar el resto del 95%, esto es incluso mejor que la ley de Pareto.

Dado que las reuniones son una actividad de seguimiento y control y tienen una connotación más para hablar de trabajo que trabajar en sí mismo, es necesario tener un enfoque resolutivo y que sean momentos de encuentro para concretar acciones puntuales y revisar los indicadores de las cuatro perspectivas.

El campo de batalla para que cualquier emprendedor demuestre su liderazgo y capacidad de gestión está en las reuniones; es aquí donde pone de manifiesto su visión, su comunicación, incluso la forma de motivar al resto del equipo para que los proyectos salgan adelante. Te digo más, si quieres construir una cultura organizacional en tu negocio, las reuniones son la mejor herramienta que tienes para generarla.

En conclusión, SÍ a las reuniones NO a la reunionitis.

"La perspectiva administrativa te permitirá articular todas las piezas de tu proyecto emprendedor."

Parte 2. Hábitos y rituales para tu negocio
Puntos de enfoque:

1. No existe una perspectiva más importante que otra, las 4 son igualmente importantes.
2. La parrilla estratégica es la herramienta clave para diseñar un plan de acción, ayuda a alinear las cuatro perspectivas partiendo desde la parte financiera.
3. Incidir en el precio, las cantidades y las líneas de negocio es la forma en que puedes preparar tu parrilla estratégica.
4. El énfasis de la perspectiva comercial debe estar puesto en el proceso de ventas.
5. La perspectiva administrativa te ayudará a integrar el resto de las perspectivas con la ayuda de un organigrama y un plan de acción anual.

Capítulo 12. 40 buenas prácticas de alto rendimiento en tu negocio

El trabajo híbrido y el teletrabajo llegó para quedarse y ha sido una modalidad adoptada por muchas empresas y dueños de negocios, por ello la nueva realidad es la necesidad de mantener y mejorar la productividad laboral estando en remoto. De hecho, un estudio realizado por Nicholas Bloom, de Stanford, encontró que los trabajadores de un centro de llamadas hacían un 13.5% más de llamadas a la semana cuando trabajaban en casa que cuando lo hacían en la oficina. Aun así, trabajar desde casa puede parecer simple y cómodo, pero debemos tener en cuenta que pueden existir más distracciones que repercuten negativamente en el rendimiento laboral.

Este concepto posee diferentes puntos susceptibles de análisis, como puede ser la forma en que se distribuyen las tareas a lo largo de la jornada, cómo gestionar un equipo que antes se veía todos los días, la flexibilidad horaria que permite estar fuera de la oficina y la motivación interna, entre otros.

En este capítulo compartiré contigo 40 buenas prácticas para la gestión de tu negocio y nos enfocaremos en revisar 10 ideas en cada uno de estos puntos:

1. Cómo preparar tu puesto de trabajo.
2. Cómo liderar proyectos claves.

3. Cómo relacionarte con tus compañeros de trabajo.
4. Cómo manejar la tecnología y los medios digitales.

Mi objetivo con estas buenas prácticas es que puedas sacar el máximo provecho de tu jornada laboral, sin que esto signifique necesariamente trabajar horas extra.

Al igual que en las 40 buenas prácticas para la gestión contigo mismo, encontrarás algunas que te resultarán familiares, otras complementarias y otras completamente nuevas que puedes aplicar, probártelas durante un tiempo y adaptarlas a tu propio estilo si hiciera falta.

Cómo preparar tu puesto de trabajo

1. Prepárate para tu día laboral.
Aunque hagas el trabajo desde casa y no tengas que prepararte para ir a la oficina o lugar de trabajo, esto no significa que el nuevo hábito sea quedarte en pijama con el ordenador sobre las piernas.

Lo cierto es que, aunque pueda resultar tentadora esta opción de hacerlo durante un día, puede convertirse en un mal hábito rápidamente.

- Clave práctica: levántate de la cama de la misma manera que si fueras a ir a tu oficina. Vístete con ropa cómoda, siéntate en tu espacio de trabajo y organiza tu día. Continuar con los mismos rituales que tienes al ir a tu lugar de trabajo evitará que la pereza le gane a la productividad.

2. Planifica tu jornada y evita las distracciones.
Haz una revisión diaria de tu agenda e identifica cuáles son aquellas tres o cuatro tareas que tienen mayor importancia.

Contar con una planificación de cómo será tu día de trabajo te evitará caer en la procrastinación y perder la visión entre lo que es importante y urgente. La idea es que una vez tengas identificadas estas tareas puedas asignar el horario en que las vas a realizar.

Revisa tu agenda del día, consulta tu bandeja de correo y busca aquellos que son urgentes. Un buen ejercicio es definir las dos o tres tareas de mayor importancia o que más tiempo llevarán antes de comenzar el día. A medida que las finalicemos podremos agregar otras secundarias.

- Clave práctica: determina un máximo de 5 minutos para identificar estas tres o cuatro tareas. Una vez identificadas empieza por aquellas que sean más importantes para aprovechar tu nivel de energía.

3. Organiza tu espacio de trabajo y utiliza el equipo adecuado.
El espacio físico en el que desempeñes tu trabajo es clave a la hora de mejorar tu productividad. Delimitar con cuidado el lugar que destinarás a tu oficina mientras trabajes de forma remota tendrá un efecto psicológico que te permitirá separar lo personal de lo profesional.

- Clave práctica: busca un espacio que te permita mantener el orden y con un aspecto minimalista, siéntete con calma y paz en tu lugar de trabajo. En la medida de lo posible escoge un lugar fijo y un par de alternativas más por si quieres variar un poco (*coworking*, cafetería...).

4. Procura utilizar una silla ergonómica.
Contar con una silla que te permita darle soporte a tu espalda y te proporcione comodidad es clave para disminuir la fatiga que puede producir estar varias horas delante de tu ordenador. Asimismo destina una mesa donde puedas tener únicamente tus elementos de trabajo de tal manera que cuando salgas de ese espacio puedas hacer un "corte mental" y no llevar el trabajo el resto del día a otras áreas de tu casa.

- Clave práctica: prueba algunas horas trabajar de pie; según un estudio de investigadores de la Universidad A&M de Texas, aquellos trabajadores que usaban escritorios de pie eran un 46% más productivos que aquellos que usaban una mesa de trabajo normal.

5. Cambia de ubicación de vez en cuando.

Con el fin de hacer más dinámico tu trabajo, busca algún otro sitio donde puedas hacerlo. Trata de pasar un día cada semana trabajando fuera de tu espacio normal.

Por suerte vivimos en un mundo que cada vez nos permite hacer nuestras tareas desde diferentes espacios. Evidentemente, en función de cuál sea tu trabajo y tu rol dentro del mismo, podrás ampliar la duración fuera de tu espacio más usado. Lo que se busca es evitar permanecer toda la semana en el mismo sitio sin haberte movido y cambiado de aires; en la medida de lo posible dáselo a conocer a los miembros de tu equipo.

- Clave práctica: ve a un lugar silencioso o calmado, como un café, una biblioteca. Procura dejar para ese día tareas de baja concentración (revisión de email, WhatsApp, llamadas, consultas en Internet...) que no afecten el desarrollo normal de los proyectos más importantes.

6. Crea un buen entorno de trabajo.

El ambiente que generamos alrededor de nuestro trabajo influye directamente en nuestra energía, la circulación del aire y ayuda a reducir la ansiedad o estrés.

De hecho, un estudio realizado por la Universidad de Queensland en Australia concluyó que la presencia de plantas dentro del espacio de trabajo puede aumentar la productividad hasta en un 15%.

- Clave práctica: pon una planta cerca de ti, puede ser en tu escritorio, una planta ornamental, o algo más grande dentro del espacio que has destinado para trabajar.

7. Escucha música mientras trabajas.

Sea para que te aísle del ruido exterior o sencillamente para disfrutar de una buena música de fondo mientras trabajas, procura mantener tu ambiente de la manera más agradable posible.

Hay un estudio de la Universidad de Birmingham que sostiene que escuchar música mientras se hacen tareas repetitivas aumenta la eficacia y el rendimiento para procesar la información.

- Clave práctica: utiliza audífonos o cascos y *playlist* de música sin letra, sonidos de la naturaleza, *chill out*, música clásica o jazz te resultarán más agradables.

8. Haz pausas activas.

Lo ideal dentro de tu jornada de trabajo es que cada 2 horas hagas una pausa entre 10 a 15 minutos. En este *break* entra en movimiento para despejar la mente, mantener tu rendimiento a lo largo del día y mejorar tu agilidad mental.

La idea es que puedas tener estos descansos incluidos en tu agenda, para que cuando la retomes, puedas dedicarte a una sola tarea con más foco, con máxima concentración y sin distracciones.

- Clave práctica: incorpora la técnica Pomodoro, que consiste en hacer descansos de 5 minutos cada 25 minutos. Después de 4 pomodoros, el descanso será más largo, de 15 a 30 minutos. Puedes instalar una aplicación que te avise automáticamente del momento del descanso, durante el cual te puedes preparar un café, ir al baño, hacer algunas flexiones o incluso mirar imágenes bonitas (un estudio de la Universidad de Hiroshima concluyó que después de que los participantes miraran fotos agradables, su rendimiento en tareas complejas se incrementó en un 44%).

9. Libera tu mente.

El método GTD ideado por David Allen propone que puedas dejar de mantener tus ideas dentro de tu cabeza y escribirlas para que se puedan hacer.

La idea es que puedas liberar tu mente de las tareas pendientes, dejándolas escritas en un lugar específico para luego retomar y decidir qué hacer y cuándo. Esto ayudará a aumentar la concentración ya que no tendrás que recordar constantemente lo que tienes que hacer y te enfocarás más en hacerlas.

- Clave práctica: una de las claves de esta metodología es que una vez listadas las tareas y actividades, puedas realizar inmediatamente aquellas que toman menos de 2 minutos en su ejecución. Procura destinar un bloque de tiempo (como máximo de dos horas) para realizar todas estas tareas simples y un solo sitio donde puedas poner las ideas por escrito.

10. Identifica tus horas pico.

Trata de identificar esos momentos cumbre en los que te sientes con mayor energía y motivación.

La idea es que puedas asignar en esos momentos aquellas tareas y proyectos importantes. Ten en cuenta que estas horas pico pueden cambiar en función de las prioridades de tu vida (un embarazo, un cambio de residencia, un nuevo empleo, etc.), pero identificar este tiempo en tu agenda te permitirá tener una ventaja para sacarle mayor partido a tu jornada de trabajo.

- Clave práctica: lleva un registro durante la semana de cómo te vas sintiendo a lo largo del día, ¿con energía y motivación?, ¿cansado y con ganas de procrastinar? Esto te ayudará a visualizar dónde están esos "pozos de tiempo" para asignar luego tus proyectos claves.

Cómo liderar proyectos claves

1. Aprende a diferenciar lo importante de lo urgente.

Una de las habilidades que mejor te ayudará a enfocarte en los proyectos clave es que puedas diferenciar las actividades urgentes de aquellas que son importantes. El hecho de que sea urgente no quiere decir que no sea importante, pero lo cierto es que en nuestro día a día todo parece tan urgente que no da tiempo a identificar cuáles son aquellas tareas que verdaderamente requieren tu atención.

Una actividad importante es aquella que hará que tu proyecto emprendedor o puesto de trabajo avance y te permita obtener mejores oportunidades de crecimiento. La matriz de Eisenhower podrá darte una visión de los 4 cuadrantes del tiempo y aprender así a identificarlos fácilmente.

- Clave práctica: trabaja por proyectos, diseña un plan de trabajo que te permita diferenciar entre actividades cotidianas de mantenimiento de tu trabajo y aquellas que tienen un principio y fin y que son esenciales para tu desarrollo profesional. Algo que puedes hacer es establecer un plan de trabajo trimestral y crear una lista de proyectos futuros.

2. Ten en cuenta la ley de Pareto.

El principio 80-20 enseña que el 80% del valor de una tarea proviene del 20% del esfuerzo. La idea es que reconozcas dentro de una agenda cuál es ese 20% de actividades clave que sí o sí tienen que ser atendidas para que tu trabajo avance.

Una forma de identificar cuál puede ser esta tarea puede orientarse a que no deja de estar en tu cabeza, no tienes claro por dónde empezar o sencillamente te produce un poco de incomodidad ponerte a trabajar en ello.

- Clave práctica: procura establecer en tu agenda que esa actividad clave sea lo primero del día, esto te permitirá no caer en aplazamientos y mantenerte enfocado en lo que es realmente importante. Así que agenda tus prioridades para que puedas proteger tu tiempo.

3. Divide y vencerás.

Trocea tus grandes proyectos en pequeñas partes y trabaja cada día en cada una de ellas, podrás procesar todo el proyecto con la sensación de que puedes realmente llevarlo a cabo.

Utiliza un Excel, un Trello o una aplicación de notas para poner todo por escrito y cuya descripción te explique exactamente cuál es la tarea que tienes que ejecutar.

- Clave práctica: busca crear trozos de actividades cuya duración sea máximo de dos horas. La idea es que una vez tengas en una lista las actividades puedas llevarla a tu agenda para ejecutarla en una día u hora concreta. Por ejemplo, si vas a trabajar un par de horas, especifica la cantidad de trabajo que realizarás antes de levantarte de la silla. Por ejemplo, si estás escribiendo un libro, que tu minitarea sea no levantarte hasta escribir 1000 palabras.

4. Trabaja por bloques de tiempo.

Es importante tener en cuenta que, para desarrollar proyectos, debes saber trocearlos en pequeñas actividades, asimismo es necesario trocear tu día para que las actividades que tienes pendientes encuentren un espacio concreto.

Para realizar la división de tus tareas también es clave que puedas dividir tu día en lotes de tiempo. Procura que dentro de estos lotes puedas realizar tareas que tengan la misma naturaleza.

- Clave práctica: procura que las actividades tengan la misma naturaleza con el fin de generar flujo, ya que, al estar concentrado en un conjunto de tareas específicas, te resultará más fácil realizarlas hasta hacerlas mecánicamente; también puedes añadir hacer un día de tres bloques (día tríptico) de manera sistemática para que siempre te quepan tres proyectos claves.

5. Haz primero lo que menos te guste.

Aunque hayas sido cuidadoso con el tipo de proyectos que vas a trabajar, habrá momentos en los que tendrás que realizar tareas que no te gustan, pero tienen que hacerse para que el proyecto pueda avanzar.

La recomendación es que puedas empezar primero por esta actividad para así evitar que siga haciendo ruido en tu mente y afecte tu productividad.

Dado que algunos investigadores de la Universidad de Standford hallaron que la fuerza de voluntad de las personas disminuye a medida que va transcurriendo el día y esto hace que la energía se agote, es muy recomendable que aquello que menos te guste lo hagas primero para evitar así caer en la tentación de postergarlo.

- Clave práctica: graba en tu mente la siguiente idea: "cómete el sapo primero"; basada en una frase de Mark Twain, esta idea busca distribuir las tareas en orden de importancia, realizando la más complicada en primer lugar. Dado que tendemos a dejar para el final estas tareas, aprovecharás el momento del día de más energía para que el resto de las tareas te parezcan más sencillas.

6. Prepara, dispara y ¡apunta!

Pasar a la acción es una de las habilidades de las personas más productivas, una vez fijes la actividad empieza a realizarla, aunque aún no tengas claro todo lo que tienes que hacer, es decir, la idea es que puedas ir creciendo en la ejecución a medida que vas avanzando en la tarea.

Lo cierto es que no importa que tus acciones estén 100% planificadas, tu productividad irá aumentando a medida que vas mejorando en el camino y haces los ajustes necesarios.

- Clave práctica: procura definir pasos para saber cuánto te tomará la realización de ese proyecto; si aún no tienes claros los pasos 3, 4 y 5, empieza por el 1 y el 2 y esto ayudará a que clarifiques los siguientes pasos y le digas a tu cerebro que el proyecto ya está en marcha.

7. Una actividad a la vez.
Investigadores de Standford hallaron que aquellas personas que ejecutan muchas tareas al mismo tiempo tienen problemas a la hora de eliminar datos irrelevantes y tienen que esforzarse más para recordar las cosas relacionadas en el trabajo. Dicho de otra manera, hacer multitarea es lo peor para tener una mejor productividad.

Una vez inicies la actividad trata de completarla, no te detengas hasta que la finalices y trata de no mezclar esa actividad con una de otra naturaleza. No hagas la mitad y cambies a otra cosa. La idea de tu paquete de tiempo busca que te enfoques por completo en una sola cosa.

- Clave práctica: aplica el método Kanban, que reconoce la calidad sobre la rapidez y busca fragmentar cada proyecto o proceso en fases que deben terminarse antes de empezar la siguiente. Esto te ayudará a controlar el desarrollo del trabajo, visualizar todo el proyecto y medir para aplicar mejoras posteriormente.

8. Documenta, sistematiza y automatiza lo que más puedas.

¿Hay alguna parte de tu proyecto clave que te hace ir más lento y te genera frustración?

Una cosa que puedes hacer para aumentar la productividad en la ejecución de tus proyectos clave es crear procesos que te permitan documentar, estandarizar si es repetitivo y luego buscar formas automáticas de ejecutarlos.

Esto te ayudará no solo a tener mayor control de tus proyectos, sino que, en un eventual caso, puedas delegarlo en otra persona para libertarte y poder dedicarte a otro proyecto.

- Clave práctica: crear un *checklist* puede ser una manera sencilla y rápida de sistematizar; procura complementar aquellas tareas repetitivas con el uso de aplicaciones y herramientas de apoyo. Por ejemplo, para el seguimiento de actividades clave en equipo plataformas como Trello pueden ayudarte a tener un registro, hacer seguimiento y ver el avance del proyecto.

9. Bloquea un día de la semana para otras cosas.

Mantenerse enfocado en un proyecto puede resultar extenuante y retador. Dado que hay otras actividades de trabajo más cotidianas y repetitivas que deben atenderse (email, mensajes pendientes de responder, controles y revisiones de informes), asigna un día de la semana para realizar estas actividades misceláneas.

Normalmente, las actividades complementarias o que pueden esperar, si no se definen por anticipados horarios concretos suelen acumularse y generar una losa tan pesada que finalmente no se haga, como puede ser la acumulación de emails, el postergar reuniones con el equipo, revisar las cuentas de tu negocio, etc. Para evitar esto, añádelo como algo obligatorio cada semana.

- Clave práctica: busca que ese día pueda ser finalizando la semana (viernes, por ejemplo) para no partir la semana. En la medida de lo posible, organízate para que estas actividades puedan hacerse a una hora fija, de manera que puedas incorporarla como un hábito (pago a proveedores, cobro de facturas, revisión de presupuesto, planificación, reunión con el equipo).

10. Haz un balance semanal.

Es importante que puedas valorar el avance de tus proyectos de manera semanal. De esta manera podrás considerar si puedes "relajar" o "apretar" con relación a la fecha límite que te has puesto para la consecución de la tarea.

Hacer una revisión semanal te ayudará a examinar tus progresos y los retos que se te han presentado en la ejecución de las actividades que comprenden el proyecto. Esta revisión, adicionalmente, te permitirá determinar cuáles podrían ser las tareas para la siguiente semana que quizá antes no tenías previstas.

- Clave práctica: puedes incluir en tu día de la semana bloqueado para otras cosas 30 minutos para hacer la revisión y balance de los avances del proyecto. Mantenlo como una actividad fija en tu agenda de manera que no puedas postergarla.

Cómo relacionarte con tus compañeros de trabajo

1. Haz lugar para tener conversaciones humanas con tu equipo.

Vivimos tiempos de cambios, algunos tan importantes que pueden afectar la moral del equipo de trabajo. Angustia, incertidumbre, preocupaciones... son reacciones normales frente a estos tiempos. El teletrabajo ha disminuido las reuniones cara a cara y esto obliga a tener que abrir espacios para el diálogo y la reflexión, que mantengan la visión de equipo y la idea de que es parte de algo más grande.

Investigadores del MIT concluyeron que aquellas personas que tomaban descansos juntas hacían su trabajo más rápido y se sentían menos estresadas, debido a que podían hablar de sus retos en un entorno más informal.

- Clave práctica: crea espacios de manera deliberada dentro de tu agenda semanal para conversar y dialogar con tus compañeros o equipo de trabajo, incluso de temas que *a priori* no tengan que ver con tu trabajo.

2. Define un espacio para verte con tus compañeros.

Buscar un espacio para generar interacciones con tus compañeros es vital para crear consciencia del trabajo en equipo.

La flexibilidad de trabajar fuera de la oficina ha hecho que muchas personas se replanteen la posibilidad de volver al sitio de trabajo como se solía hacer. El teletrabajo ha irrumpido como una opción seria, tanto que para algunas empresas la productividad no solo se ha mantenido, sino que en algunos casos ha aumentado.

Sin embargo, dada esta facilidad puede caerse en el error de eliminar al 100% el contacto físico, lo que puede ir en detrimento de la visión de equipo. Para esto es clave generar un día concreto a la semana o al mes en el que puedas quedar con tus compañeros, ya sea para trabajar juntos o tener un momento informal para compartir.

- Clave práctica: los viernes son más convenientes para realizar este tipo de encuentros; podría establecerse al final de la jornada laboral para combinarlo con una actividad más social, como un *afterwork*.

3. Define un espacio para evitar interrupciones.

Una llamada, un email, una reunión no agendada pueden convertirse en el día a día de tu trabajo, haciendo que tengas que parar frecuentemente y te cueste ponerte en marcha de nuevo para retomar la actividad. Es bien sabido que las interrupciones constantes no solo pueden generar estrés y falta de concentración, sino que pueden derivar en una lamentable pérdida de tiempo.

Para evitar esta situación, es fundamental establecer parámetros de horarios con tus compañeros, destinando un momento del día para atender todos los asuntos pendientes que requieren de tu revisión, conocimiento o autorización. Estos parámetros deben establecerse diariamente, porque igual de importante es hablar con tus compañeros como el hecho de tener momentos de trabajo libre de interrupciones.

- Clave práctica: acuerda con tu equipo establecer una "hora de oro" o *happy hour* para evitar cualquier tipo de interrupción mientras trabajas. Esta hora de oro puede darse tanto si trabajas en la oficina o remotamente. Puede ser al inicio del día, durante o al finalizar, de manera que no te parta la mañana.

4. Establece reuniones fijas.

"No se puede vivir sin reuniones, pero sí sin la mayoría de ellas", reza una frase muy conocida de productividad que siempre le escucho a mi amigo Berto Pena. Las reuniones de equipo son fundamentales para el progreso, revisión y análisis de proyectos y actividades clave dentro de la empresa y son un escenario ideal para desempeñar tu liderazgo si eres un miembro clave.

Lo ideal para las reuniones es que tengan una finalidad específica, estén previamente agendadas con los puntos a tratar y participen solo las personas que tienen un papel fundamental en el proceso.

- Clave práctica: establece horarios fijos para las reuniones de grupo. Podrían variar en tener una reunión semanal de revisión de proyectos y otra de revisión mensual de indicadores de gestión, por ejemplo, los lunes a primera hora de la mañana.

5. Delega, no abdiques.

Una de las mejores maneras de optimizar tu tiempo y enfocarte en lo verdaderamente importante (en la medida que tu rol te lo permita) es delegar tu responsabilidad en personas competentes que idealmente puedan hacer el trabajo mucho mejor que tú.

Sin embargo, no debes abusar de esta estrategia y entregar tu responsabilidad a otro compañero sin antes explicarle claramente cuáles son las funciones, cómo ejecutarlas y qué resultado se espera obtener de ello; hacer lo contrario no sería delegar sino abdicar dejando en tu compañero "un marrón por resolver". El proceso requiere que te tomes el trabajo de enseñarle, que él o ella pueda verte desempeñando esa función y hacer las preguntas que surjan, que luego tú puedas verle haciéndolo para corregir y afinar, y que finalmente pueda hacerlo solo y revisar los resultados.

- Clave práctica: puedes reservar un periodo de cuatro semanas para hacer el proceso de delegación, una semana para enseñar, otra semana para estar junto a esta persona observándole trabajar y otra semana donde pueda hacerlo solo. La última semana sería para revisar y valorar si finalmente es la persona idónea; si trabajas a distancia puedes apoyarte en un *software* de recursos humanos para asignar tareas, controlar los horarios y evaluar el desempeño.

Cómo manejar la tecnología y los medios digitales

1. Desconéctate temporalmente de tu móvil.

Cuando necesites enfocarte para desarrollar algún proyecto clave, genera el espacio para desconectarte temporalmente de tu teléfono de manera que evites cualquier tipo de distracción.

Las notificaciones y sonidos de alerta en el móvil pueden hacer que tu atención constantemente esté desorientada y cueste cada vez más enfocarte.

- Clave práctica: deja tu teléfono móvil durante un bloque de tiempo a una distancia que no puedas verlo, puesto boca abajo, en modo avión o metido en un recipiente donde no puedas tener acceso fácil.

2. Renuncia en tus bloques clave a las redes sociales.

Revisar las redes sociales varias veces durante el día es un hábito que destrozará tu capacidad de concentración y no te permitirá avanzar en tus tareas claves.

Salvo que tu trabajo y productividad estén relacionados con la interacción en redes sociales (agencia de *marketing*, *community manager*), deberías, en cuanto puedas, renunciar a consultar tus redes sociales en el momento que estás realizando una actividad de un proyecto clave.

- Clave práctica: si te cuesta gestionar el consumo de redes, procura destinar un horario fijo del día a hacer una revisión e interactuar con otras personas.

3. Organiza tus bandejas de entradas en el email.

Busca que emails como *newsletters*, ofertas y suscripciones vayan a una parte separada de los emails relevantes para la gestión de tu trabajo. Este tipo de mensajes no necesitan tu atención inmediata y puedes revisarlos en un horario que te hayas fijado para ello y que no afecte a la realización de tareas clave; establece momentos para realizar la revisión de los mensajes que tengas en tu bandeja de entrada.

Por cierto, un estudio del *International Journal of Human-Computer Interaction* llegó a la conclusión de que revisar el email de manera constante disminuye la capacidad de concentración y foco.

- Clave práctica: márcate un espacio del día fijo para revisar y responder a todos los mensajes que recibes a través del email, WhatsApp y redes sociales. Este hábito hará que dediques menos tiempo y puedas responder al 100% de los requerimientos que tengas en menos de 24 horas.

4. Elimina aplicaciones y date de baja.
Es probable que gran parte de las aplicaciones que tenemos en nuestro teléfono y la mitad de los mensajes que recibimos son simplemente innecesarios.

En la medida de lo posible, elimina todas las aplicaciones que no uses de tu teléfono y date de baja de cualquier *newsletter* que ya no leas, de grupos de WhatsApp que ya no consultas y elimina suscripciones de revistas o canales que ya no ves.

- Clave práctica: escoge un día del mes para hacer una limpieza informativa. Empieza por las aplicaciones o programas de tu teléfono y tu ordenador, continúa con las *newsletter* o suscripciones a canales, luego los grupos de WhatsApp y Telegram.

5. Crea accesos directos y apóyate en la tecnología.
Si eres de los que cada vez que enciendes tu ordenador, debes seguir una ruta para entrar en documentos o navegar en Internet, lo mejor que puedes hacer es crear accesos directos o *short cut* para acceder más rápido y mejor a la información.

Probablemente haya alguna aplicación para cada necesidad (poner una firma electrónica, guardar tus contraseñas, etc.). No tengas miedo de probar nuevas aplicaciones y quedarte con lo que mejor se adapte a ti.

● Clave práctica: define las webs de uso frecuente y déjalas fijas en tu navegador para que no tengas que buscarlas en Google cada vez que necesitas entrar.

Para optimizar la gestión de tus herramientas te dejo algunas aplicaciones que pueden ayudarte a gestionar mejor tu trabajo:

● Slack-Teams: generación de grupos o chats personalizados.
● Zoom-Google Meet: para realizar reuniones virtuales.
● Google Drive-Dropbox: para guardar y compartir información.
● WeTransfer: envío de archivos en formato original.

PARTE 3. HÁBITOS Y RITUALES PARA TU PAREJA Y TU FAMILIA

Los 5 pilares para emprender en pareja

No os aunáis en yugo desigual con los incrédulos, porque, ¿qué tiene en común la justicia con la injusticia? ¿Y qué comunión tiene la luz con las tinieblas?

2 Corintios 6:14

Siempre se ha creído que tener una buena gestión y una alta productividad es algo que solo debería ocurrir en nuestro trabajo o rol profesional, pero lo cierto es que podemos aplicar cada una de las herramientas que te he comentado anteriormente en nuestra vida privada y en medio de nuestra familia, incluso teniendo hijos.

Muchos, en la actualidad, pasamos más tiempo teletrabajando y este ámbito no es ajeno a que nuestra productividad y gestión empresarial pueda verse alterada para bien o para mal por causa de no tener un buen entorno para el trabajo o vernos interrumpidos constantemente por la cotidianidad de las cosas que hay que atender en casa, desde poner la lavadora, lavar los platos, recibir una visita inesperada, peleas entre los hijos, sobre todo si son niños pequeños, en fin todo un caldo de cultivo para que trabajar desde casa sea todo un reto. Como justo me acaba de pasar ahora, pues mi hijo Mateo me acaba de interrumpir para mostrarme un dibujo de su árbol de Navidad.

Algunas personas deciden incluso buscar un sitio apartado, poner un seguro en la puerta o trabajar fuera, ya que reconocen que el trabajo en casa se les puede hacer cuesta arriba.

Sea lo que sea que hagas, algo que queda claro es que, tanto en la casa como en la oficina, los rituales y hábitos de productividad, la gestión de una agenda y la gestión de un negocio se aplican de la misma manera y mi recomendación es que procures tener un entorno apropiado para sacarle el mayor provecho.

En principio, cuando hablo de gestión y organización en el hogar en mi caso personal, hablo de una familia de padre y madre, casados y con tres hijos, pero no es exclusivo, ya que las mismas situaciones pueden presentarse para personas que viven solas trabajando desde casa, o que tienen una visión de la familia más diversa y moderna. Da igual, los cronófagos y las estructuras para defenderse de ellos no discriminan sexo, raza, religión o creencias políticas, a todos nos afectan por igual y podemos protegernos de ellos siguiendo las mismas pautas.

Así que factores del entorno como la pareja, los niños, compañeros de piso dentro de casa, pueden potenciar o limitar tu capacidad de avance en tus proyectos profesionales y personales.

Quizá te preguntes qué tiene que ver la frase del principio de esta parte con lo que vamos a ver a continuación, permíteme explicarlo:

El yugo es un instrumento de madera que obliga a dos animales a caminar en la misma dirección, a trabajar juntos, a esforzarse juntos, a trillar juntos. El yugo, en el caso de los bueyes, les impide halar cada uno por su lado, de manera que se ven obligados a caminar en la misma dirección.

Cuando se dice que vivir en pareja es como tener un socio, es acertado, ya que, si la visión conjunta no camina en la misma dirección, suelen presentarse muchos problemas, no se avanza en la consecución de los objetivos y el que cada uno tire para su propio lado de alguna manera hará que terminen haciéndose daño.

Así que hablar de fortalecer el yugo matrimonial es lo mismo que hablar de cómo vivir en pareja o, como me gusta llamarlo, emprender en pareja, entendiendo el emprendimiento desde su significado de acometer y comenzar una obra, un negocio, un empeño que encierre dificultad o peligro. Así que vivir en pareja es en sí mismo un emprendimiento no solo porque implica empezar y mantener una relación, sino que su manejo no es necesariamente fácil.

He emprendido junto con mi esposa un proyecto de negocio desde el año 2012 y créeme cuando te digo que por mucho que conozcas a tu pareja, no habrá mejor oportunidad para hacerlo que cuando la ves trabajar, ya que esto te revela una faceta nueva incluso desconocida para aquellas parejas que no trabajan juntas; además, puedo decirte por experiencia que muchos de los proyectos de parejas emprendedoras que conozco a veces fallan precisamente por no tener claro algunos de los pilares que te voy a exponer a continuación y que son necesarios para que las relaciones y el proyecto funcionen al mismo tiempo.

Cuando veo parejas que dicen ¡nos vamos a ir a vivir juntos a ver cómo va...! es como si asumieran que lo que pase en la relación no depende directamente de ellos, sino de otros factores externos y poco controlables, cuando la postura en realidad debería ser: si queremos que funcione vamos a crear el contexto que se necesite para que funcione, pasar de preguntarse ¿funcionará? a afirmar ¡hagamos que funcione!, ya que es mucho mejor vivir en la intencionalidad que en la accidentalidad.

En cualquier caso, tengo que advertirte que no soy un experto en temas de pareja; de hecho, desde hace ya más de 10 años mi esposa y yo somos consumidores en modo de "alumnos eternos" de contenidos relacionados con las relaciones de pareja y *parenting* que quiero compartir contigo al final como bibliografía recomendada. Nuestro objetivo busca tener pequeñas mejoras en la forma en que llevamos nuestra relación y disfrutar cada vez más de ella.

Así que aún nos queda mucho por aprender en el proceso, ya que nuestra mentalidad de pareja se parece un poco a la de nuestros abuelos y padres que se conciben hasta para toda la vida o, dicho de otra manera, hasta que la muerte nos separe, anticuado y todo como parece en los tiempos modernos del poliamor. Más nos vale aprender cómo hacerla empoderante y beneficiosa para ambos con el fin de mantener siempre la llama del amor encendida.

Aunque sin ser expertos, después de más de 25 años de relación con mi esposa, hemos podido extractar varios aprendizajes que quiero compartir contigo para que puedas afinar aún más la forma de incrementar y mejorar esta otra área importante de tu vida.

En este capítulo en particular, quiero enfocar 5 pilares fundamentales que te ayudarán a crear ese contexto que necesitas para tener y gestionar una relación más sana y duradera pero sobre todo que te impulse a ser más productivo y a conseguir en pareja aquello que te planteabas conseguir solo por tu cuenta.

En cualquier caso, no me creas si alguna de las cosas que planteo no cuadran en tu estilo de vida, te recomiendo que tomes nota de lo que más te sirva y lo apliques en consecuencia dentro de tu vida familiar.

Ya te he contado o habrás intuido en capítulos anteriores que soy una persona creyente, más específicamente creyente bíblico y seguidor de las ideas y principios de Jesús.

En cierta oportunidad, fuimos invitados mi esposa y yo por parte de la iglesia a la que asistimos a un retiro de matrimonios para compartir una charla durante una hora y media acerca de cómo emprender en pareja; todo en principio entraba dentro de lo normal, teniendo en cuenta que dar charlas y conferencias es la forma en la que me gano la vida y he realizado más de 500 desde el año 2012.

Sin embargo, había algunos detalles cuando dije que "sí" de los que no había sido consciente y que había que afinar:

1. Era un tema que no es de mi especialidad.
2. Era la primera vez que lo exponíamos públicamente.
3. Era la primera vez que lo haría en compañía de mi esposa.
4. Era la primera vez que mi esposa hablaba en público para un grupo de más de 10 personas.

Quise quitarle hierro al asunto, diciéndole a mi esposa que simplemente compartiríamos nuestra experiencia, que como mucho tendríamos allí unas 10 parejas y que podíamos ir alternando la intervención de manera espontánea y tranquila sentados en forma circular.

Lo cierto es que, con el paso de los días, empezamos a darnos cuenta de que cada vez más personas empezaban a apuntarse y nos llamaban a felicitarnos porque íbamos a ser los ponentes, lo cual empezó a inquietarme, ya que no se trataba solo de una charla espontánea, y por lo que veía tampoco serían solo 10 parejas.

Así que rápidamente nos reunimos, redactamos aquellas cosas que consideramos importantes compartir, marcamos los timing y fijamos los temas que cada uno compartiría para hacerlo fluido y entretenido, además al final realizamos un *keynote* para hacerla más visual, es decir, pasamos de tener una charla informal e improvisada a preparar una conferencia estructurada con ideas centrales y algunos ejercicios.

Llegó el día de la presentación y pudimos ver al llegar al sitio que había casi 100 coches aparcados en la entrada y al entregarnos el folleto informativo de la jornada del día pudimos constatar que nuestra "charla" era el eje central del retiro de matrimonios y el tema más relevante del día; para nuestra sorpresa había más de

150 personas allí reunidas para pasar un día en familia y especialmente para escuchar nuestra "charla informal".

Mientras yo pensaba "uff, menos mal que me lo he preparado", mi esposa decía: "Fabi, qué vamos a hacer, estoy supernerviosa". He de reconocer que yo también lo estaba al tratarse de un tema tan personal y nuevo, pero tiré de millas y de experiencia en otros ámbitos para estar tranquilo y seguro y poder darle a mi esposa la misma sensación. Al final, el resultado fue maravilloso, la charla resultó muy entretenida, concreta y hubo tantas preguntas que tuvimos que cortar porque el tiempo estaba limitado. Muchas parejas se nos acercaron luego para darnos las gracias y quedó una sensación de reto y optimismo entre los asistentes.

La verdad es que nadie ha dicho que sea fácil, todo requiere trabajo y compromiso, pero te pregunto: ¿qué cosa que merezca realmente la pena no lo requiere?

Así que ahora estoy igual de nervioso, ya que voy a compartir contigo los 5 pilares que expusimos ese día y espero de corazón que resulten una bendición para ti y tu pareja, a la que por cierto te recomiendo que la incluyas en la lectura de esta parte del libro.

Vamos allá...

"Emprender con pareja y con hijos representa todo un reto, vive en la intencionalidad y no en la accidentalidad."

Capítulo 13.
Pilar 1. Principios y valores.
Empieza por el principio

Vivir en pareja requiere inspiración y transpiración, afecto del bueno y esfuerzo.

WALTER RISO

En un artículo de la revista *Business Insider* planteaban la razón por la cual las parejas se divorcian o acaban una relación.

Según el artículo, que se acabe la pasión, las crisis económicas o personales, los celos y la infidelidad, la falta de comunicación e incluso la competencia profesional con respecto a quien gana más, o quien está mejor preparado, son algunas de las razones que amenazan la estabilidad en una relación.

Cada una de estas razones, totalmente válidas, quizá no ocurran de la noche a la mañana y vayan fraguándose sin darse cuenta (o sin querer darse cuenta), hasta que al final estalla y destroza una relación, llevándose por delante el deterioro de otras áreas de tu vida.

Empezamos este libro hablando de productividad y de hábitos para tu gestión personal y la de tu negocio, y te preguntarás, ¿cómo puede ser que ahora estamos hablando de relaciones de pareja? Muy sencillo, gestionar tu tiempo es gestionar tu vida y parte de nuestra vida está condicionada por personas cercanas como nuestros socios, jefes o parejas, y para que esto pueda funcionar debemos dedicar tiempo, atención y cuidado.

La mejor manera que conozco para protegernos, incluso de nosotros mismos, del entorno hostil que acecha y la falta de tiempo para dedicar al cuidado de nuestras relaciones, es establecer principios fundacionales en nuestra relación y que se conviertan de alguna manera en nuestra constitución política, brújula o eje para acudir a ella cada vez que se pierda el rumbo.

Los principios fundacionales en una relación son equivalentes a los valores y principios que se establecen en una empresa o incluso aquellos que se hallan arraigados en nuestra crianza desde que éramos niños.

En nuestro caso particular, antes de tomar la decisión de casarnos, estuvimos en un retiro de parejas y una de las cosas que decidimos hacer fue un listado de valores y principios que considerábamos importantes para que la relación estuviera fundamentada con cimientos fuertes.

Este proceso de pensar por separado y luego reunirnos para revisar nuestra lista fue determinante para establecer lo que cada uno consideraba más importante. Después consensuamos para saber con cuáles nos quedaríamos, estableciendo finalmente el orden de acuerdo a lo que para ambos era prioritario.

Esta lista que hicimos en el año 2008 solo ha tenido dos ajustes y hemos ido agregando mejoras para hacerlo cada vez más práctico. Una de ellas fue separar los principios y valores entre aquellos que eran vitales para la relación y aquellos que estaban más enfocados en la gestión de la relación. Adicionalmente, le pusimos un significado a cada principio, ya que nos dimos cuenta de que aun siendo la misma palabra, podría tener un significado diferente para cada uno.

Algo así como el chiste que dice que cuando una mujer y un hombre abren su armario y dicen: ¡no, tengo nada que ponerme! para un hombre significa que no tiene nada **limpio** que ponerse y para una mujer significa que no tiene nada **nuevo** que ponerse; no sé en tu caso, pero en el mío particular se aplica perfectamente.

Los principios se consideran una forma de crear un sistema operativo para el sano funcionamiento de tu relación y por ende evitar perder el tiempo en discusiones que no están yendo a ninguna parte sin un marco que reconduzca la visión conjunta de la pareja.

Te parecerá un poco raro, lo sé, así también lo mostraban algunas de las caras que veíamos en la charla de parejas a la que fuimos invitados y que te comenté antes. Pero fue revelador saber que, al terminar, una mujer se me acercó y me dijo: si hubiera sabido esto que has comentado de los principios me habría evitado tanto dolor y sufrimiento con mi pareja, nunca había pensado que establecer esto era tan importante, ahora estamos separados y rotos.

Por eso insisto en que es necesario que elijas entre si quieres que tu relación esté hecha de arena, reaccionando a lo que te vaya trayendo cada día, haciendo lo que la gran mayoría hace, dejando que el tiempo pase a ver "cómo va", esperando que los problemas se solucionen solos... O tomar el toro por los cuernos y trabajar en la prevención de los problemas antes de que asomen, asumiendo el rol de pareja como algo importante de tu vida y dedicándole tiempo de manera intencionada en tu agenda.

Es tu decisión, pero todo lo que dejes al azar, tenderá al caos o, como mejor lo decía Ralph Waldo Emerson, "los hombres frívolos creen en la suerte, creen en las circunstancias... los hombres fuertes creen en la causa y efecto".

Así que este es el reto al que te invito, a que tengas un espacio premeditado a diario en tu agenda para comunicarte con tu pareja, no cuando tengas tiempo, no cuando puedas... Tiene que ser premeditado y si quieres darle un impulso con la seriedad que se merece, te recomiendo que busques una tarde y establezcáis aquellos puntos importantes en los que queréis basar vuestra relación, hacer lo que un buen amigo me comentaba el otro día, cuando me decía: "Fabián he decidido hacer con mi esposa una refundación familiar, vamos a restablecer principios, sacarlos a la luz, tener un plan a largo plazo y establecer los proyectos en los que vamos a trabajar juntos".

Te invito a que, como mi amigo, si aún no has establecido esto en tu relación, hagas una refundación familiar y como en cualquier empresa o proyecto, pongan cimientos firmes para construir su legado, con una visión definida y un alto sentido de compromiso por llevarla a cabo.

Para terminar y si te sirve de inspiración, quiero compartirte la lista de principios y valores que establecimos en compañía de mi esposa con el significado consensuado.

Esta lista, por supuesto, la tenemos en un Excel y nos sirve de *checklist* para que en una reunión que hacemos semanal o quincenalmente (más adelante te explicaré cómo), podamos autoevaluarnos y medir así aquellas cosas en las que tenemos que mejorar y cuáles están más controladas. Es una práctica que llevamos desde hace más de 10 años y ha supuesto un antes y un después en la forma de llevar nuestra relación, cada vez más renovada y excitante.

PRINCIPIOS DE PAREJA V3

PRINCIPIOS VITALES

1. AMOR Y PASIÓN
Tener intimidad y gestos de cariño.

2. FIDELIDAD
Ser fieles a nuestra pareja (con nuestras palabras y acciones).

3. RESPETO
Dar valor a la pareja, no juzgar, con una actitud generosa en privado y público.

4. CONFIANZA
Ser sinceros, compartiendo el 5% de lo mejor y el 5% de lo peor (lo que no haría con nadie más).

5. COMUNICACIÓN ASERTIVA
Conversar a diario de cosas importantes y superfluas.

6. PERDÓN
Pedir y ofrecer perdón y disculpas ante una falta, antes de que acabe el día.

7. AGRADECIMIENTO
Dar las gracias a la pareja y a Dios por algo específico que haya pasado en la semana.

PRINCIPIOS DE GESTIÓN

8. COMPARTIR
Date Night (películas-series-cena-salidas).

9. COMPROMISO Y DISCIPLINA
Meeting Night (reuniones de revisión de principios y proyectos).

10. PROYECTOS COMUNES
    1. Hijos (Isabella, Mateo, Camila) (salud, educación).
    2. Hogar (arreglos, compras, limpieza).
    3. Educación (libros-cursos-vídeos-documentales).
    4. Ocio y diversión (salidas, eventos, vacaciones, actividades familiares).
    5. Finanzas, negocios e inversiones (revisar cuentas semanales).

"Los principios y valores son la piedra angular para la estabilidad en tu relación de pareja."

Capítulo 14.
Pilar 2. Propósito.
Desarrolla la perspectiva de la nostridad

Amar no es mirarse el uno al otro sino más bien mirar ambos en la misma dirección.

ANTOINE DE SAINT-EXUPÉRY

Siempre se ha hablado de que el síndrome del *burn out* afecta de manera dramática a las personas en su puesto de trabajo, dándole un contexto exclusivamente laboral, pero poco se habla de que este síndrome puede afectar también a las parejas con hijos.

Este desgaste impacta de manera significativa la relación y hace saltar por los aires los principios que con mucha disciplina y dedicación se habían establecido.

Y es que, tras compartir con muchos padres de familia involucrados en la crianza de sus hijos, hay consenso en la idea de que si hay algo que desgasta con mayor inclemencia, que lleva tu paciencia al límite, que lastra tu energía física y te mantiene en estado de alerta constante son los hijos.

Curiosamente son los hijos, al mismo tiempo, un motor para querer salir adelante, establecer una base familiar sólida, una forma de dejar un legado en la tierra y una verdadera bendición de Dios. Solo los que son padres podrán entender esta compleja mezcla de sentimientos.

Esta es la paradoja, lo que más desgasta es lo que al mismo tiempo te da más energía y motivación, y te permite encontrarle un sentido de propósito a lo que haces.

Una de las metáforas que mejor ilustra la idea de tener una gran motivación para darle sentido a lo que hacemos es la siguiente: Imagina saliendo de un edificio en llamas a punto de colapsar, ¿te atreverías a volver a entrar para sacar algún objeto de valor que hayas olvidado? La gran mayoría optaría por dejarlo perder y preservar la vida, ya que por valioso que sea el objeto, no es lo suficientemente importante comparado con tu vida, como para volver a entrar de nuevo. Pero y si lo que hubieses olvidado dentro fuera tu hijo o hija pequeña clamando por ayuda... ¿te lo pensarías? Sin lugar a duda estarías dispuesto a sacrificar tu propia vida por salvar la vida de tu pequeño indefenso. ¿Qué ha cambiado? Mismo edificio, mismo incendio, misma situación... ha cambiado la motivación, ahora hay algo que supera el riesgo que asumes.

Esto es algo en lo que pienso cuando me pregunto cuál es nuestra motivación como pareja o como familia para llevar a cabo determinados proyectos, ya que, si esa motivación no es lo suficientemente grande, es muy fácil perder el rumbo. Por lo cual es importante pensar en una perspectiva más del "nosotros" que en una perspectiva individualista.

Hace algunos días tuve la oportunidad de ver una charla Ted de 5 minutos en la que el ponente Ric Elias contaba cómo fue su experiencia a bordo de vuelo 1549 de US Airways al que se le ha descrito como el "milagro del Rio Hudson", donde el avión tuvo que hacer un aterrizaje acuático de emergencia y la pericia del piloto logró sacarlos a todos con vida. Este hecho se ha convertido en un suceso único en la historia de la aviación; de hecho, existe una película (*Sully*, la cual recomiendo) protagonizada por Tom Hanks, donde describe cómo fueron los hechos.

Ric dice que desde el momento en el que empezó a notar cómo el avión empezaba a descender, alineándose con el río y el capitán advirtió "prepárense para el impacto", por su mente pasaron muchos recuerdos ante la inminencia de morir en ese vuelo.

En esos cortos pero intensos minutos tuvo tres aprendizajes. El primero fue no aplazar las cosas importantes y aprovechar el tiempo de una mejor manera. El segundo fue no perder el tiempo en discusiones vanas con personas importantes (como su esposa). Y el tercero fue que la muerte no da tanto miedo como pensaba. Añade también que nuestra experiencia de vida es como si nos estuviéramos preparando para cuando ese momento llegue.

Lo que más me sorprendió de su mensaje es que, después de que el avión aterrizara y todo pasara a ser una experiencia de vida, su conclusión fue que el propósito para lo cual consideraba seguir viviendo se resumía en una frase: "ser el mejor padre que pueda ser".

Toda una experiencia cercana a la muerte para llegar a la conclusión de que aquellas cosas que realmente son importantes las tenemos más cerca de lo que pensamos, aunque a veces no las vemos.

No estoy diciendo con esto que ser padres sea la única razón para vivir y estar en la vida, pero está claro que este hecho puede convertirse en una potente motivación para dar sentido a nuestro propósito de vida.

Entonces, preguntarse por qué hacemos lo que hacemos, por qué tener una familia o por qué montar una empresa es necesario si realmente queremos darle un sentido a lo que hacemos. Es a ese por qué a lo que nos aferraremos cuando las fuerzas mengüen y perdamos el norte. Asimismo, es importante que ese por qué esté compartido en nuestro núcleo familiar de manera que permita hacer un avance en la misma dirección.

La conocida ponencia de Simon Sinek donde habla acerca del círculo de oro plantea la idea de que en las organizaciones no solo es importante establecer de cara a los clientes y al equipo de trabajo aquello que hace la empresa y cómo lo hace, sino que además es fundamental dar a conocer el por qué lo hacen.

Ese porqué que está en el centro de la diana es el fundamento clave para hallar el propósito. Así que este mismo enfoque de saber por qué hacemos lo que hacemos y tener claro la visión de para dónde vamos, deberíamos tenerlo también en nuestras familias, es decir, gestionar tu familia como una empresa.

Para mantener la perspectiva del "nosotros", una de las cosas que solemos hacer con nuestros hijos es hacer una reunión familiar los fines de semana, para revisar cómo vamos. Al finalizar una de las frases de batalla que tenemos al cogernos de las manos es "la familia unida, jamás será vencida". Nos gusta establecer este vínculo con nuestros hijos porque nos ayuda a tener una visión de equipo que tira para el mismo lado y refuerza el valor de la unidad familiar.

Durante los tiempos de pandemia y confinamiento en 2020, optamos por aprovechar la oportunidad para inculcar en nuestros hijos valores y principios de los que pudiéramos ser ejemplo para ellos, dedicándoles más tiempo y atención, incluso hubo un tiempo en que optamos por educarlos nosotros mismos siguiendo el modelo *homescholling* mientras se aclaraba bien la forma y el fondo de los protocolos establecidos en los colegios, que no atentaran contra su integridad y su normal desarrollo.

Sin embargo, lo que al principio parecía ser la mejor decisión para nosotros, empezó a convertirse en todo un reto, ya que una cosa es lo que piensas y, otra, la realidad de cómo ocurren las cosas. La rebeldía, las peleas, el no querer colaborar en la realización de los deberes, incluso dudar de si estábamos capacitados para ello y si estábamos haciendo lo mejor como padres, empezó a hacer mella, llevándonos a cuestionar por qué estábamos haciendo el modelo *homescholling*. En cuanto volvimos a recordar las razones por las que en primera instancia habíamos tomado la decisión, empezamos a ver las cosas de manera diferente. Como pareja, queremos criar a nuestros hijos inculcándoles valores y principios cristianos como la gratitud, el amor y la compasión, y educarlos para que sean agentes de cambio en nuestra sociedad.

Esto mismo puede ocurrir con nuestros proyectos o negocios, con nuestra relación.... Preguntarte ¿por qué quieres mudarte de casa?, ¿por qué en ese barrio?, ¿por qué las amistades que tienes?, le dará un sustento y sentido a lo que hagas.

Nuestro emprendimiento de negocio en pareja nos ha hecho revisar constantemente cuál es la razón que hay detrás de lo que hacemos... ¿se trata de libertad?, ¿se trata de tiempo libre?, ¿se trata de generar más ingresos?, ¿se trata de hacer lo que nos gusta? Te diría que podrían ser todas juntas, pero una que verdaderamente nos mueve es la idea de llegar a cientos de miles de personas con temas de gestión empresarial y desarrollo profesional a través de la consultoría.

Lo que quiero transmitirte con todo esto es que para todo lo importante que hagas en tu vida necesitas encontrar una razón, un por qué, un propósito que te ayude a sostenerte y a mantener la motivación lo suficientemente grande para cuando la duda aceche y las fuerzas falten en el peor de los casos, pero incluso darte esa motivación extra para cuando las cosas van tan bien como esperabas, estar totalmente alineado con la brújula en la que quieres llevar la dirección de tu vida, pareja y familia.

Así que ahora viene mi pregunta para ti, ¿cuál es tu motivación para sacar adelante tu emprendimiento familiar o empresa?

Aquí te doy algunas ideas para darle más atención al pasar tiempo en familia y lograr así una perspectiva del "nosotros" y 3 preguntas para que puedas reflexionar en ese propósito familiar.

Actividades:
- Aprender juntos un tema de interés.
- Crear y mantener una tradición familiar.
- Tener días especiales cada mes.
- Hacer equipos y distribuir las tareas de casa.
- Pasar tiempo en familia deliberadamente.

Tres preguntas para reflexionar en el propósito familiar
1. ¿Qué aspecto familiar para el que tienes tiempo no estás realizando en este momento?
2. ¿Qué harías en este momento con tu pareja y familia como actividad preventiva que te ahorre tiempo, dinero o disgustos en el futuro?
3. ¿Qué te gustaría hacer con tu familia que te arrepentirías toda la vida de no haber intentado hacer?

La nostridad es eso que hay entre tú y yo, entre nosotros...

Capítulo 15.
Pilar 3. Perfiles.
Construye una visión de equipo

Nunca por encima de ti, nunca por debajo de ti, siempre a tu lado.

WALTER WINCHELL

De momento hemos definido el qué a través de los principios y valores de la pareja o familia, luego hemos tratado de buscar un propósito definiendo el por qué hacemos lo que hacemos; ahora el paso siguiente busca definir quién se encargará de que esos principios y ese propósito se mantenga.

Evidentemente, aquí no existe manera de evadir la responsabilidad. Si lo que buscas es tener una relación de alto rendimiento, que sea duradera, productiva y que trascienda, quienes se encargarán de esto seréis inequívocamente tú y tu pareja; como dice el proverbio africano, "si quieres ir rápido ve solo, si quieres ir lejos ve acompañado".

En el libro *Por qué los hombres no escuchan y las mujeres no entienden los mapas*, se plantea la guía definitiva para entender a tu pareja, partiendo de la base de que existen claras diferencias psicológicas, de biología evolutiva e incluso a nivel cerebral que explican por qué pareciera que nuestra pareja es totalmente diferente a nosotros, pero también cómo podemos aprovechar para convertir esa diferencia en un complemento perfecto en lugar de tener un motivo de desencuentro permanente.

Y la pregunta que me surge es, ¿cómo integrarse y complementarse dentro de unas diferencias que *a priori* parecieran irreconciliables?

Está claro que emprender una relación de pareja no es nada fácil y requiere de un compromiso serio si el objetivo es mantener una relación en el largo plazo, entender las diferencias y saber cómo podemos hacer uso de ello a favor de la relación requiere de intencionalidad y no es el producto de la casualidad.

Una de las cosas que más nos ha ayudado como pareja a definir nuestros perfiles personales y entender cómo somos, ha sido la implementación de herramientas como el eneagrama, test psicológicos de personalidad como el Discovery Insight y todo aquello que ayude a comprender la forma de ser del otro y cómo puede ser la mejor manera de abordarlo de acuerdo con su perfil.

Definir estos perfiles nos ha ayudado no solamente a identificar cuáles son las fortalezas y debilidades de cada uno, sino que nos permiten repartir las tareas de casa y de nuestro proyecto emprendedor en función de lo que mejor se le da a cada uno.

Cuando empezamos a emprender, ambos hacíamos un poco de todo y fue cuando me di cuenta de lo diferente que era de mi esposa, teníamos formas diferentes de trabajar y en muchas ocasiones saltaban chispas al momento de llegar a un acuerdo acerca de cómo llevar a cabo determinado proyecto. Para resumirlo de alguna manera, mientras ella se enfocaba más en el proceso, procurando que cada cosa estuviera bien independientemente del tiempo que tomara, yo me enfocaba más en los resultados, trabajando a toda costa dentro del tiempo que teníamos previsto para ello, aunque olvidara algunos detalles por el camino.

Realmente creo que conocí más a mi esposa trabajando con ella durante el primer año que los 10 años anteriores que llevábamos de relación. Fuimos conscientes de que teníamos un conocimiento del otro más a nivel personal que a nivel profesional y esto, amigos míos, fue todo un descubrimiento.

Una de las claves que nos ha permitido emprender un negocio en pareja ha sido precisamente comprender si "la persona está alineada en el puesto correcto", lo que por supuesto ha hecho que la productividad aumente de manera satisfactoria y podamos llegar a todo lo que nos proponemos sin sufrir innecesariamente en el camino.

Además, se hizo necesario que pudiéramos acordar puntos de encuentro para que, independientemente de las diferencias que tuviéramos, pudiéramos estar de acuerdo en las cosas mínimas.

Por ejemplo, cosas como que cada uno debe llevar una agenda de cuarta generación, que para gestionar la empresa están claramente definidas las 4 áreas, mantener *checklist* en los proyectos para sistematizar el trabajo, incluso tener por escrito las tareas de casa en cosas tan sencillas como una lista de la compra, hacer una limpieza a fondo con un enfoque minimalista (opta por no acumular y tener menos cosas) cada trimestre, mantener nuestro entorno ordenado y limpio... Cosas que en principio parecen nimias pero que marcan la diferencia a medio plazo para la comprensión mutua. Nuestra máxima es que si es algo significativo e importante en el desarrollo de la relación como: la forma de llevar nuestras finanzas personales, repartirnos el trabajo de casa, las responsabilidades de la empresa, la crianza de nuestros hijos, los proyectos a futuro..., necesitamos estar de acuerdo en la forma de hacerlo.

Y sí, tengo que admitir que existen cosas en las que quizá nunca estaremos de acuerdo y tampoco pretendemos estarlo en todo, sabemos que en el fondo son de menor importancia y, por lo tanto, tienen un impacto insignificante en la relación; por el contrario, tratamos de fomentar esta diferencias ya que hemos aprendido que nos puede ayudar a ver puntos de vista poco evidentes a simple vista.

Por ejemplo, cada vez que tengo una reunión importante para un tema de la empresa, suelo estar en compañía de mi esposa, ya que me apoyo en su sensibilidad para percibir cosas que a mí se me pasan por alto; confío mucho en su criterio para saber si voy adelante con una decisión importante de inversión, nuevo proyecto o lo que sea que implique un alto impacto en nuestra relación, ya que soy consciente de mi debilidad, pero al mismo tiempo de que tengo una fortaleza si pienso como equipo.

Cada vez que hay algún problema en casa para reparar averías, sabemos que mi esposa es más diestra y hábil y mi labor resulta ser la de un buen asistente siguiendo a rajatabla las instrucciones de ella, ya que si estuviera en mis manos o terminaría haciéndome daño o creando un problema mayor del que había antes.

Así que varias ideas nos quedan para construir una visión de equipo:

1. Tiene que haber tanto un proceso de autoconocimiento como de conocimiento mutuo intencionado.
2. Hay que alinear a la persona correcta en el puesto correcto.
3. Se necesita trabajar sobre herramientas comunes para manejar un mismo lenguaje.

Ahora te pregunto, ¿están identificadas y acordadas las responsabilidades de la casa y el proyecto en función de lo que mejor se le da a cada uno?

Tanto si es el caso como si no, te recomiendo que fijes un día en tu agenda en el que quedes con tu pareja para definir tanto los principios y valores como el propósito de su relación, además estaría genial definir cuáles son aquellos puntos en los que cada uno son fuertes y mirar qué puede aportar esto a la relación.

Nosotros solemos hacer una reserva en un hotel por un día cada año para reunirnos, hacer una revisión y balance del año y proyectar las cosas que nos gustaría para el año siguiente. Solemos ponerle el nombre de la ciudad en la que lo hacemos para mantenerlo fijo en nuestra memoria y poder referirnos a él cada vez que avanzamos en la ejecución de los proyectos. Por ejemplo, la última que lo hicimos se llamó la "convención de Toledo" y aunque soy consciente de que tiene un nombre pomposo y que puede sonar hasta gracioso, nos empodera lo suficiente para darle todo el valor y la importancia en nuestra relación.

"Ir juntos es comenzar, mantenerse juntos es progresar, trabajar juntos es triunfar." Henry Ford.

Capítulo 16.
Pilar 4. Proyectos. Define un plan de acción conjunto con proyectos comunes

El problema del matrimonio es que se acaba todas las noches después de hacer el amor, y hay que volver a reconstruirlo todas las mañanas antes del desayuno.

GABRIEL GARCÍA MÁRQUEZ

Hemos llegado al cuarto pilar y la pregunta que nos asalta después de identificar el qué, el por qué y el quién, debería ser cómo ponemos todo esto en marcha.

¿Cómo se desarrollan los principios, el propósito y los perfiles del emprendimiento en pareja?

Si recuerdas la metáfora del yugo, soy de los que cree que, si existen intereses comunes en una relación, de manera natural habrá un cuidado mutuo y considero que los planes y proyectos que se hagan en familia o con la pareja, son la clave para el desarrollo y el crecimiento de este rol. De hecho, creo que si no existe esto en este pilar es probable que se caiga en la monotonía y el aburrimiento.

No pienso extenderme mucho en este pilar porque debes estar un tanto harto de la palabra plan de acción y proyectos y porque la forma de gestionarlo es exactamente igual que si lo hiciéramos con el proyecto emprendedor, ya sabes, un diagrama de Gantt que contenga todos los proyectos y que estos encuentren un bloque de tiempo dentro de tu agenda semanal. Básicamente lo mismo, pero lo único que cambia es la naturaleza del proyecto.

Estos proyectos pueden ir desde la compra de cosas para el hogar hasta la organización de las próximas vacaciones en familia. Sí, has leído bien, las vacaciones también se planifican, sobre todo si lo que quieres es descansar o disfrutar de una experiencia positiva en familia.

Así que la compra de un coche nuevo, un cambio de casa, el inicio de una formación, inscribir a los niños en alguna actividad extracurricular, pueden estar sujetos a una planificación previa con fechas y en la medida de lo posible con un presupuesto asignado para ello.

Luca Pacioli, el matemático y contador que fue uno de los precursores del cálculo de probabilidades y reconocido por haber instaurado el sistema de partida doble en la contabilidad, tiene una frase que suscribo totalmente y es que "donde no hay orden, hay caos" y no puedo estar más de acuerdo en su apreciación; creo que una familia o pareja que carece de proyectos o los tiene de manera aleatoria en la cabeza de cada uno está muy expuesta y es vulnerable al caos.

Es tan importante el hecho de planificar en pareja o en familia como el hecho de repartir las responsabilidades y los encargados de sacar los proyectos adelante. Aun a riesgo de parecer políticamente incorrecto tengo que decir algo muy importante a manera de sugerencia:

Las tareas no deben asignarse en función de la igualdad, sino de la equidad, que no es lo mismo. La igualdad implica que todos deberían dedicar el mismo número de horas y esfuerzo a un proyecto, sin considerar otras responsabilidades. Por ejemplo, si una persona trabaja fuera de casa durante 8 horas y la otra se encarga del hogar y los hijos durante ese mismo tiempo, aplicar la igualdad estricta significaría que ambos tendrían que invertir otras 8 horas en la actividad del otro, es decir, trabajar 16 horas al día, lo cual no es sostenible.

En cambio, la equidad reconoce las circunstancias y la disponibilidad de cada persona. Si entre ambos se dispone de un total de 16 horas productivas al día, lo más razonable es distribuirlas según las responsabilidades de cada quien: una persona puede dedicar 8 horas a un ámbito y la otra, las otras 8 al otro. Así se optimiza el tiempo, se mejora el trabajo en equipo y se logra un balance más saludable.

Por eso, en lugar de buscar una repartición igualitaria, es mejor optar por una equitativa.

Dentro de los proyectos comunes, si te fijas en el primer pilar de los principios, hicimos una distinción entre aquellos principios que eran vitales y los que se consideraban más de gestión; pues bien, los planes y proyectos están más enmarcados dentro de la categoría de gestión.

Algunas ideas de proyectos para manejar en familia siguiendo como guía estos principios serían:

Proyectos comunes
Los proyectos que se incluyen en este apartado sería el cuidado de los hijos, el cuidado de la casa, la educación conjunta, actividades de ocio, diversión, hobbies y la revisión de las finanzas e inversiones familiares.

Aquí hago un inciso especial en el tema financiero, el cual es fundamental en la estabilidad de una familia. Te puedo asegurar que si las finanzas familiares se revisan como mínimo con una frecuencia semanal, es probable que esto no se convierta en un tema de discusión con tu pareja, incluso aunque la situación no vaya bien, el hecho de que se comparta una situación complicada, desahoga y da a la pareja la visión de trabajo en equipo que necesitamos.

Conozco parejas muy cercanas que prefieren llevar el tema de las finanzas personales por separado, uno paga unos gastos y el otro asume otros, donde usualmente no hay claridad de cuánto ingresa cada uno o simplemente no interesa que se sepa, no sé cuál sea tu caso y respeto en este sentido cómo quieras llevarlo, siempre y cuando haya un común acuerdo al respecto. Ya que, si no lo hay, la falta de transparencia y comunicación e incluso el sentimiento de injusticia en cuanto las cargas que cada uno lleva pueden hacer mucha mella y generar muchos problemas en la relación y cabe recordar que es la segunda causa de separación y divorcio.

Yo prefiero el poder de la sinergia donde 1+1 no es igual a 2 sino a 3 o más... Es por eso que en casa llevamos un control de ingresos y gastos pormenorizado y en conjunto (es una práctica que por cierto llevo desde que tuve mi primer empleo en 1998), donde se detalla el presupuesto y balance anual y nos permite tomar decisiones financieras en pareja. Te confieso que nunca he tenido un problema con mi pareja por dinero y créeme que hemos vivido situaciones de escasez e incertidumbre extrema, pero independientemente de esto, al tratarse de un proyecto común podemos aislarnos como equipo de la situación problemática que hayamos tenido. No se trata de que ella o él sea el problema, se trata de que, si hay algún problema financiero, somos tú y yo, de un lado y del otro lado, el reto que tenemos que afrontar. ¿Lo ves? El paradigma es completamente diferente.

Es por eso por lo que cada decisión de inversión importante (inversiones inmobiliarias, en el negocio, en criptomonedas u acciones) solemos discutirla manteniendo los criterios de inteligencia financiera que hemos venido aprendiendo durante el tiempo en pareja, no tomar decisiones que pongan en riesgo nuestra estabilidad financiera, por ejemplo, es uno que nunca falla y hallar siempre consenso para estar alineados en la decisión.

Hace muchos años tuve la oportunidad de investigar y hacerme con algunas criptomonedas y, aunque en su momento se trataba de algo un poco arriesgado y complejo de entender, terminé llegando a un consenso con mi mujer de hacer la compra siendo consciente de que si no funcionaba no se ponía en riesgo nuestra economía.

Lo cierto es que ya tenía asumida la pérdida, puesto que, en principio, ese dinero estaba destinado para comprarme un reloj de lujo que quería autorregalarme como un capricho al cumplir 40 años, pero al dificultarse la compra por no encontrar el que buscaba, opté por invertirlo en criptomonedas, lo cual resultó ser una buena inversión por la valorización que tuvo unos meses después.

Sin embargo, tengo que reconocer que, si no hubiera llegado a un consenso después de mostrar todas las bondades y riesgos a mi pareja acerca de qué hacer con estos recursos, probablemente hubiera desistido y no hubiera hecho la compra por mucho que lo viera claro, ya que para mí es más importante mantener una visión compartida en casa que tomar decisiones que vayan a resquebrajar la forma en que gestionamos el dinero; además, ya sabes lo que dicen... "happy wife, happy life".

Ahora te pregunto:

¿Tienes claro cuáles son los proyectos claves en los que estás trabajando este año por tu familia?

Si no, define por lo menos tres cosas que te gustaría lograr en pareja durante el año en estas categorías:

- Proyecto 1. Hijos_____

- Proyecto 2. Cosas de casa y hogar_____

- Proyecto 3. Educación en conjunto_____

- Proyecto 4. Ocio, diversión, hobbies_____

- Proyecto 5. Finanzas, negocios e inversiones_____

"La creación de proyectos comunes generará un entorno para el cuidado mutuo."

Capítulo 17.
Pilar 5. Prospección: Establece medidas de control, seguimiento y mejora continua

El verdadero amor, el sólido y durable, nace del trato; lo demás es invención de los poetas, de los músicos y demás gente holgazana.

BENITO PÉREZ GALDÓS

Cómo podría terminar de plantearte los 5 pilares si no tuviéramos uno que al final nos valide si todo el proceso realmente está llegando a feliz término y saber si de verdad nos acercamos a aquello que nos habíamos propuesto en pareja y en familia.

Dicho de otra manera, ¿cómo sabes si estás consiguiendo los objetivos?

Por esta razón, el pilar de la prospección es tan importante, porque nos ayudará a tomar medidas de control para avanzar y mejorar en el proceso, ya sabes, no se puede mejorar aquello que no se controla y no se puede controlar aquello que no se mide.

Por lo tanto, establecer rutinas y momentos en nuestra agenda que coincidan con la agenda de nuestra pareja son claves para no caer en aplazamientos o dejarlo para algún momento más adelante... Si esa es la actitud, probablemente nunca ocurra.

La prospección puede ser entendida en términos geológicos como la exploración de terrenos para hallar tesoros minerales, petróleo o incluso agua, y en términos de negocios es la forma en que se estudian diferentes escenarios futuros para la toma de decisiones, basados en la información y los datos con los que se cuente. En ventas, el término se aplica también para recabar información del público, identificar clientes con capacidad de compra y focalizar los esfuerzos en ese perfil; de hecho, algunos suelen identificar a esos potenciales clientes como "prospectos".

¿Qué te quiero decir con todo esto? Que prospectar implica la secuencia de 4 pasos básicos para saber si vamos en la dirección adecuada para la mejora continua en nuestra familia y relación de pareja.

1. Hacer una revisión.
2. Sacar datos e información.
3. Tomar decisiones basadas en los datos.
4. Enfocar los esfuerzos en aspectos concretos.

La prospección que hagamos determinará el cuándo y el dónde haremos lo que dijimos que íbamos a hacer y puede realizarse en los momentos en los que decidimos hacer un alto en el camino para "afilar la sierra", semanalmente, en pareja y en familia.

En nuestro caso, los principios que se aseguran de que exista esta revisión son: compartir, compromiso y disciplina.

Y básicamente establecemos dos momentos clave en la semana para esta buena práctica que hemos denominado las *date night* y las *meeting night*. Veamos en qué consisten:

Compartir
Date night (películas-series-cenas-salidas)
Las *date night* son momentos fijados dentro de la agenda semanalmente, viernes o sábado por la noche, en los que sueles tener un momento a solas con tu pareja para pasar tiempo juntos, hablar de las cosas vanas e importantes de la vida, conversar y descargar el trajín de la semana. La intencionalidad y connotación que hay detrás de esta actividad es romántica y hacerlo permite recordar la importancia que tiene disfrutar de la relación.

Las *date night* pueden considerarse actividades de ocio y diversión tanto dentro como fuera de casa, y si quieres aprovechar mejor el tiempo, te recomiendo que tengas un listado de posibles opciones, tanto de películas para ver, restaurantes para visitar, comidas por probar... ya sé que me dirás: Fabián, ¿ hasta esto lo tienes planificado? Créeme que se pierde mucho tiempo en los momentos de elección y la dificultad que representa puede convertir una actividad placentera en una molestia innecesaria.

Compromiso y disciplina
Meeting night (reuniones para revisar principios y proyectos)
Las *meeting night* se diferencian de las *date night* básicamente por el contenido de la reunión. En esta reunión sugiero que no tome más de una hora, se revisan los planes y proyectos haciendo un barrido uno a uno e incluso podrías hacer una evaluación numérica del 1 al 5 de los principios y valores y generar por escrito un plan semanal de tareas a ejecutar. Esto nos sirve también para revisar en la siguiente reunión lo que estaba pendiente, aunque entiendo que puede ser un poco engorroso para algunas parejas, por lo que lo dejo a tu consideración, así que aunque sea solo verbal, es mucho más eficiente que el hecho de no hacerlo.

Las *meeting night* suelen ser un poco más ejecutivas en el sentido de que lo que se mira es buscar soluciones a las dificultades que encontremos en la ejecución de los proyectos familiares y personales; es como si hicieras una reunión con un socio de trabajo, pero la diferencia es que los proyectos que revisan son plenamente a nivel de pareja y de familia. En nuestro caso revisamos cada uno de los principios, tanto los vitales como los de gestión.

Estas reuniones las solemos hacer, en la medida de las posibilidades, los domingos por la noche entre las 20:00 y 22:00, después de elaborar la agenda por separado, aunque los últimos dos años hemos implementado el hábito de sacar una hora todos los días, al finalizar el día para hablar de cómo ha ido y comentar cosas que quizá en la reunión semanal no alcanzamos a compartir, sencillamente porque son tan poco relevantes que se nos olvidan.

Así que mientras picamos algo de comer, doblamos la ropa, lavamos los platos, salimos a caminar o nos tomamos una copa de vino, conversamos asignándonos 30 minutos a cada uno para que le comente al otro cómo ha ido el día. No hay un tema fijo, es solo conversar para liberar tensiones y escucharnos el uno al otro y a nosotros mismos. Lo recomiendo encarecidamente.

Por otra parte, las *meeting night* que realizamos los domingos tienen un apéndice y es que incluimos a los niños durante 20 minutos para revisar los temas que tienen que ver con ellos. La premisa es que toda decisión importante que afecte la cotidianidad en la familia es digna de ser revisada y comentada en la *meeting night*.

Las reuniones con los niños es una de las prácticas que aprendimos en varios cursos que hemos tomado para la crianza de nuestros hijos relacionados con la disciplina positiva, crianza respetuosa y algunos consejos de especialistas en esta área. Tengo la suerte de que mi hermana es experta en este tema y la tenemos a plena disposición cuando se presentan algunos retos con los niños; por cierto, te recomiendo que la sigas en @unamamapsicologa_, es una auténtica crack.

La reuniones con los niños consisten en crear un espacio para escucharnos y plantear acuerdos, normalmente empezamos con un espacio para dar gracias, otro para hablar de alguna situación particular que haya que mejorar entre los niños buscando que ellos mismos aporten soluciones y luego un momento para hacer un juego en familia; finalmente cerramos con una oración. Por último, hacemos el grito de guerra "la familia unida jamás será vencida" y si te digo la verdad los niños adoran la idea de hablar de cómo vamos como familia y establecer acuerdos, reconociendo el trabajo de cada uno. Prácticamente se ha convertido para nosotros en una tradición familiar y como padres queremos inculcar la idea de generar espacios de manera deliberada para la comunicación y la solución de conflictos.

Así que quiero plantearte primero una pregunta y después un reto:

¿Tienes momentos fijados en los que os sentáis en familia para revisar cómo van las cosas?

En caso de que no sea así, ¿en qué horarios y días podrías fijarte una hora para hacerlo? Escríbelo aquí:

_____

Por último, quiero dejarte a manera de resumen un cuadro con los 5 pilares para emprender en pareja, las herramientas y el objetivo de cada uno.

5 pilares para emprender en pareja

Pilares	1. Principios	2. Propósito	3. Perfiles	4. Proyectos	5. Prospección
Objetivo	QUÉ	POR QUÉ PARA QUÉ	QUIÉN	CÓMO	CUÁNDO Y DÓNDE
Herramienta	Lista de principios y valores con significado	Preguntas de reflexión	Test de autoconocimiento	Diagrama de Gantt y agenda de cuarta generación	Indicadores, _date night, meeting night_

"Crear puntos de encuentro y control te permitirá contarte la verdad acerca de cómo va tu relación de pareja y familia."

Parte 3. Hábitos y rituales para tu pareja y familia
Puntos de enfoque
1. La base para cultivar una relación fuerte y una familia estable está en marcar principios y valores.
2. Tener un gran por qué ayudará a tener un propósito y motivación para salir adelante ante los retos.
3. Una pareja debe constituirse en un potente equipo de trabajo.
4. Los proyectos comunes crean unidad y te sacarán del aburrimiento.
5. Marcar momentos de encuentro te permitirá saber de primera mano en qué estado está tu relación y tu familia.

Capítulo 18. 40 buenas prácticas de alto rendimiento en tus relaciones

La vida en pareja, formar una familia con hijos, el trabajo doméstico de la casa y la construcción de relaciones suelen verse como actividades que podemos hacer los fines de semana como parte de nuestra rutina; sin embargo, incluso este tipo de actividades, aunque nos parezcan importantes, pueden verse afectadas por la falta de atención y cuidado.

El día a día, el ritmo acelerado con el que llevamos todo durante la semana, pueden hacer que lo único que queramos es descansar el fin de semana, dormir un poco más o simplemente dedicarnos a hacer nada, aprovechar dos o tres días (viernes, sábado y domingo) como un refugio o forma de escape. La realidad es que hay otras áreas de tu vida que necesitan ser atendidas, de manera que puedas balancear y buscar el equilibrio entre tu vida personal y tu vida profesional cada semana.

Tu casa, tus hijos, tu pareja y tus amigos merecen toda tu atención y, sobre todo, el tiempo disponible, especialmente en esos dos días que tienes para ello.

Parte de trabajar en nosotros mismos busca "salvar" ese tiempo para dedicarlo a la construcción de relaciones y mantener en nuestra casa un ambiente armónico. Sin embargo, estos aspectos han pasado a un segundo plano, ya sea porque no se considera lo suficientemente importante o, sencillamente, porque no existen rutinas que nos permitan avanzar en la construcción de relaciones y generar un entorno agradable en casa.

En esta guía voy a darte 40 ideas claves en cuatro aspectos, destacando 10 en cada uno de ellos, para mejorar tus relaciones y aprovechar mejor el tiempo libre.

Nos enfocaremos en 4 aspectos básicos:

> Cómo cuidar de tu pareja y tus hijos.
> Cómo planificar actividades de ocio y entretenimiento.
> Cómo cuidar de tus amigos.
> Cómo gestionar las actividades domésticas, trámites y recados.

Igual que en buenas prácticas para ti y tu negocio, algunos de estos hábitos están resumidos y te resultarán familiares, otros te aclararán conceptos que no hayan quedado claros y otros serán completamente nuevos para ti. La idea es que puedas acceder a ellos en cualquier momento como material de consulta.

Cómo cuidar de tu pareja y tus hijos

1. Crea un plan de familia.
No sé si eres una persona de familia o hayas llegado a esta situación de manera fortuita, lo cierto es que ya te has subido a ese tren y lo mejor será que por el bien de tu pareja y tus hijos aprendas a manejarlo.

Para ello, un aspecto esencial es que puedas marcarte un plan a largo plazo para orientar los pasos que queráis dar juntos. Puedes fijarlo a 5, 3 y 1 año a partir de ahora y preparar una visión conjunta en compañía de tu pareja acerca de aspectos relevantes como: ¿dónde vais a vivir?, ¿cómo os repartiréis las tareas de casa?, ¿cómo gestionaréis las finanzas familiares?, ¿qué inversiones realizaréis? La idea sería plasmar por escrito aquellos aspectos relevantes para el funcionamiento de una familia.

- Clave práctica: dedica una tarde de un fin de semana para discutir con tu pareja acerca de estos aspectos. La idea sería ponerlo por escrito y hacerlo como si se tratara de la refundación de tu familia o la constitución que rige tu hogar. Sé de las personas que quieren liderar su vida sentimental teniendo un plan por anticipado.

2. Establece un tiempo a diario para conversar.

Uno de los principios clave que deben permanecer en una pareja sólida es la comunicación, incluso de cosas que a primera vista puedan parecer superfluas o insignificantes.

De acuerdo con un estudio realizado por la antropóloga Helen Fisher, una de las razones por las cuales las parejas duran más es por la generación de oxitocina llamada la "hormona del apego"; esta depende en gran parte del afecto físico y la comunicación.

- Clave práctica: guarda, al finalizar el día, 30 minutos para conversar con tu pareja; puedes tener este momento mientras tomas una copa de vino, das un paseo o incluso mientras haces actividades domésticas como poner la lavadora, lavar los platos o doblar la ropa. Lo importante es que tengas este momento de una manera fija cada día.

3. Fija una cita por lo menos una vez al mes con tu pareja.

Partiendo de la base de que tu pareja es importante para ti y que forma parte de las prioridades de tu vida, es necesario que esto pueda reflejarse en hechos concretos, no basta solo con saberlo, debes actuar con actividades que puedan reflejar ese sentimiento.

Sacar un par de horas al mes en las que puedas cambiar tu entorno con tu pareja para conversar sobre proyectos en conjunto; es un tiempo muy beneficioso para que la pareja se proyecte a largo plazo y pueda salir de la monotonía del día a día.

- Clave práctica: establece un listado de 12 actividades que te gustaría hacer con tu pareja (visitar x restaurante, ver x película, tener una experiencia divertida...), marca para cada una la fecha del mes en la que lo realizarás y el presupuesto asignado. Si prefieres pasar tiempo en casa para buscar economía, puedes también preparar una cena especial con velas, música, etc.

4. Márcate proyectos y objetivos comunes.

Si hay algo que mantiene viva la llama del amor en una pareja es que puedan tener proyectos comunes que deriven en realizar actividades en conjunto, este aspecto puede involucrar tanto a tu pareja como a tus hijos si los hay.

El apego y la comunicación son elementos que pueden darse mientras dedican tiempo a sacar un proyecto adelante, planificar las próximas vacaciones, aprender un tema juntos, construir algo con piezas de lego, en fin, las posibilidades son infinitas y solo necesitas determinar un espacio del tiempo donde esto se pueda dar.

- Clave práctica: los fines de semana son momentos precisos para mover los proyectos comunes, podrías determinar los sábados por la tarde, por ejemplo, de 16:00 a 18:00 para promover estos momentos. Procura marcarte un proyecto grande por trimestre y dedicar el tiempo asignado para ejecutarlo.

5. Fórmate para ser mejor pareja y mejor padre.

Uno de los aspectos para los que no hemos sido entrenados, por lo menos de manera formal en ninguna parte, es para convertirnos en mejores parejas y mucho menos para ser mejores padres.

Depende cómo haya sido tu infancia podrás replicarlo en tu familia de la mejor manera que puedas, pero todos los que somos padres sabemos que no es suficiente, ya que hay aspectos aprendidos con nuestros padres que no son necesariamente las mejores prácticas para la crianza de nuestros hijos y el cuidado de nuestra pareja.

- Clave práctica: escoge un par de cursos o libros, uno para parejas y otro para crianza y léelo en compañía de tu pareja. El espacio para esto puede ser el mismo que usas para tener las charlas diarias. Con 30 minutos o una hora a la semana será suficiente para prestarle atención y darle importancia a este tema.

6. Haz reuniones familiares.

Un factor determinante para evaluar el estado de tu relación de pareja y de relación con tus hijos es a través de las reuniones familiares. Estas reuniones deben realizarse de manera semanal para valorar aspectos que haya que agradecer, situaciones en casa que haya que mejorar y, por qué no, un espacio para jugar en familia.

Las reuniones familiares pueden convertirse en un buen termostato o indicador y un espacio de distensión. Al principio podría resultar un poco raro, sobre todo para los hijos, pero pasadas tres reuniones empiezan a convertirse en una necesidad, ya que es un espacio ideal para poner en común los retos de la vida en casa.

- Clave práctica: escoge los domingos para tener tu reunión familiar durante 20 minutos. Dedica 5 minutos para darse la gracias por algo en particular, otros 10 minutos para resolver alguna dificultad o tema que haya que mejorar y los últimos 5 minutos para hacer algún juego juntos. En este aspecto es más importante la frecuencia que la duración.

7. Juega más con tus hijos.

Si tienes hijos y, si en tu caso, son niños pequeños, ya sabrás que el juego es una parte esencial de su desarrollo.

Un estudio realizado por una empresa de juguetes bajo el lema #juegaconellos descubrió que 6 de cada 10 padres y madres no emplean ni 2 horas semanales para jugar con sus hijos, a pesar de que más del 90% de ellos reconoce que es algo importante, no solo porque ayuda a estrechar los lazos familiares, sino porque ayuda a romper la rutina.

- Clave práctica: si te resulta aburrido, no sabes cómo jugar, te desesperas rápidamente por terminar o simplemente lo ves como una obligación, la recomendación es que prepares un plan de tres juegos de no más de 10 minutos cada uno. Estos 30 minutos de juego, con atención plena cada día (no mirando el móvil mientras tanto), será suficiente para mejorar la interacción con tus hijos, ya que, en estos casos, funciona mejor la calidad del tiempo que la cantidad.

8. Aprovecha los tiempos muertos o cotidianos para enseñar.

Si eres padre sabrás que los hijos, cuando son niños, constantemente están aprendiendo de nosotros; inevitablemente seremos su ejemplo tanto para lo bueno como para lo malo.

Dado que es un hecho, estaría bien usar esos momentos de los baños, de dar la cena, hacer la compra, de ponerles en la cama, ayudarles con los deberes, entre muchos otros, para contarles alguna enseñanza de algo que haya pasado durante el día y que quieras compartir con ellos. Esto te ayudará a tener una actitud intencionada para ayudarles a desarrollar su mentalidad y tener una visión adulta acerca de la vida.

- Clave práctica: cada día antes de dormir puedes preguntar a tus hijos algo nuevo que hayan aprendido; ese aprendizaje puede convertirse en el tema de conversación en el que quieras sembrar una idea, reflexión o pensamiento.

9. Cuéntales tu historia de vida a modo de cuento.

Algo que les encanta a los seres humanos en especial a los niños, es que le cuenten historias; es común en las casas tener libros con cuentos infantiles, desde los clásicos de *Caperucita roja* hasta historias más complejas como las de Harry Potter.

Por qué no pensar que tu historia de vida puede ser también entretenida para ellos y al mismo tiempo un recurso para contarles un poco más acerca de ti, de tu experiencia vital, de cómo se conocieron papá y mamá, explicarles a qué te dedicas y tantos detalles que pasamos por alto que podrían resultar interesantes para tus hijos.

- Clave práctica: haz un listado de tus 12 mejores anécdotas personales y cuéntala a tus hijos en forma de cuento, tú siendo el protagonista y siempre buscando al final una enseñanza. Otra opción es ver cada año de tu vida, como un capítulo de un libro y cuéntalo como si describieras tu propia autobiografía. Tus hijos sabrán más de ti por lo que le cuentes en un año de lo que nosotros como hijos aprendimos de nuestros padres durante toda nuestra vida.

10. Fija rutinas para equilibrar el tiempo con tu pareja y con tus hijos.

Para muchos la palabra rutina puede resultar aburrida y monótona; lo cierto es que no hay nada más lejos de la realidad, fijar rutinas significa poner orden y dar pie a que se puedan desarrollar buenos hábitos en el interior de tu casa.

Una de las claves para que se puedan dar las actividades anteriormente mencionadas está en la capacidad que tengas para determinar horarios concretos y respetar el cumplimiento de ellos. Dado que son varias personas las que se verán beneficiadas de estos cambios, estaría bien que se puedan consensuar los momentos para generar estos espacios.

- Clave práctica: marcar un horario para irse a la cama es clave para tener un proceso de inducción de, por lo menos, dos horas antes con tus hijos (baño, cena, cuentos, etc.) y preparar todo el entorno para el momento del descanso. Al mismo tiempo, al acabar esta rutina, puede ser el inicio del tiempo a diario que dediques a tu pareja.

Cómo planificar actividades de ocio y entretenimiento

1. Fija espacios en tu agenda para el ocio y el entretenimiento.
Las actividades para pasar tiempo en familia son importantes para darle a las relaciones un plus de diversión que viene bien para sacarte del aburrimiento y crear buenos recuerdos.

Para que esto ocurra es necesario que le des un espacio deliberado en tu agenda. Es recomendable que puedas, en la medida de lo posible, asignar espacios en horas y días fijos para que pueda haber frecuencia y no se convierta en algo eventual. Ten en cuenta que dejarlo al azar puede hacer que siempre haya algo "más importante" por hacer y finalmente termines postergándolo o no haciéndolo.

- Clave práctica: marca en tu agenda, en tus días libres, un bloque de espacio de por lo menos dos horas para estar con tu familia; aunque no tengas claro lo que vayas a realizar, marcarlo con anticipación te permitirá proteger ese tiempo e incrementar las posibilidades de que puedas dar ese tiempo a tus seres queridos.

2. Ten un plan para cada fin de semana.
Pensar en que cada semana debes pasar tiempo con tu familia de manera intencionada y que, además, lo ideal sería tener preparada

alguna actividad, puede resultar en muchas ocasiones frustrante y agotador.

Lo cierto es que no hace falta ir muy lejos para conseguir pasar buenos momentos y compartir, que es el objetivo último de estar juntos. Puedes elegir entre quedarte todo el día en la cama, hacer una maratón de películas, pintar la casa, arreglar el jardín, visitar un centro comercial, ir al cine, cenar todos en un restaurante, preparar una cena especial en casa; todas estas pueden ser buenas ideas o excusas para crear momentos de alegría.

- Clave práctica: crea una lista de 4 sitios, comidas o actividades que te gustaría hacer en compañía de tu pareja e hijos, asigna para cada una de ellas un fin de semana y reserva el espacio en tu agenda para llevarla a cabo.

3. Haz un plan memorable cada tres meses.

Como ya has fijado un bloque de tiempo en tu agenda para poner atención y foco a tus seres queridos, qué tal si subes el nivel buscando crear un plan memorable del que todos se puedan sentir complacidos.

Un viaje, la visita a un sitio de interés nacional, ir de vacaciones a un resort, viajar en autocaravana, aprender un deporte juntos, estar en un crucero o ferri, visitar un monumento histórico, pueden convertirse en actividades atractivas de las que se aprende y puede ser toda una experiencia de una vez en la vida.

- Clave práctica: escoge las fechas clave durante el año como son Semana Santa, vacaciones de verano, Navidades, para reservar con anticipación y aprovechar así descuentos y promociones. Si tu trabajo te lo permite, busca realizar estas actividades una semana antes o después de estas fechas para aprovechar la poca afluencia de personas.

4. Ten una lista de películas recomendadas.

Ya habrás sido consciente de que con la cantidad de oferta que tenemos a nuestra disposición para ver una película en casa, cada vez se hace más complicado encontrar la película adecuada para todos los gustos.

Un estudio realizado por la plataforma Netflix ha llegado a la conclusión de que su mayor competencia no son otras plataformas, sino el sueño que produce en sus espectadores el pasar tanto tiempo buscando la película ideal (40 minutos en promedio), de ahí que tuvieron que adaptar su algoritmo para sugerir lo que más está siendo visto durante esa semana.

Contar con una lista que te permita escoger las películas que quieres ver es la mejor forma para no perder el tiempo en la búsqueda y dormirse en el intento.

- Clave práctica: escoge las listas de películas nominadas o galardonadas por los premios Óscar, Globo de oro, Bafta o que sean recomendadas por algún líder de opinión, luego revisa en qué plataformas están siendo presentadas. Elige tus 10 primeras de la lista, si es posible échale un vistazo a los tráilers y decide si finalmente entra en tu lista. El tiempo de esta operación puede tardar entre 1 y 2 horas, pero tendrás el trabajo hecho para los próximos 6 meses. Créeme, merece totalmente la pena.

5. Reserva un espacio para no hacer nada.

A priori podrás pensar que sentarse a hacer nada es una completa pérdida de tiempo y podría serlo, salvo por el hecho de que lo hayas planificado con antelación.

¿A quién no le ha ocurrido que llegado un domingo quiere levantarse tarde y seguir durmiendo al punto de no querer ni comer ni ducharse? Pues buenas noticias, esto que puede verse lejano y como una ilusión, podría ser real si lo preparas con tiempo.

- Clave práctica: acuerda con tu pareja un día en el que cada uno quiera darse ese tiempo de quietud y silencio en casa, pueden decidir que durante esa mañana tu pareja salga con los niños mientras tú simplemente duermes o ves aquellas películas que no pudiste ver por estar con tus hijos. Las combinaciones son infinitas, la idea es no hacer más de lo que el cuerpo te pida. Estás a una charla con tu pareja de hacerlo posible.

6. Reserva con antelación e infórmate de las actividades.

Tener un espacio reservado en tu agenda para realizar actividades en pareja o familia está genial, poder determinar el plan para realizar en ese espacio es magnífico, pero tener claro lo que harás cada día o cada hora durante el plan sería una verdadera maravilla.

Sé que planificar todo al detalle puede dejar poco margen para la espontaneidad, pero dado que se trata de planes de pocos días u horas, lo mejor sería no tener sorpresas y disponer de poco espacio para la improvisación. Por ello es mejor que tengas una visión como si fueras un agente de viajes para sacarle mayor provecho a la experiencia y tener un plan b en caso de que el clima no te favorezca.

- Clave práctica: imagina que tienes un plan de tres días; mi recomendación es que hagas un día tríptico con tres bloques y en cada uno de los bloques asignes una actividad concreta, esto incluye desde el momento del viaje hasta el regreso. Los bloques te ayudarán a saber cuántas cosas podrías hacer y tener un balance entre el descanso y las actividades del viaje.

7. Crea una *checklist* para tu maleta de viaje.

¿Cuánto tiempo podrías ahorrarte si tuvieras una lista a mano acerca de lo que debes echar en la maleta?

Hacer la maleta siempre es uno de los temas previos a un viaje que termina convirtiéndose en una situación de estrés para muchos, sea porque no pueden llevar todo lo que quieren o porque llevan más de lo que necesitan. Como pasa con la mayoría de las personas que tienen una maleta llena de "por si acasos", esta prenda por si acaso llueve, esta prenda por si acaso hace calor, estos zapatos por si hay charcos... Al final, después de tanto probar y probar lo más seguro es que terminen dejando algo olvidado que sí era esencial.

- Clave práctica: tener una lista es una de las cosas más prácticas que puedes hacer con las categorías esenciales como son: ropa, zapatos, tecnología, aseo personal y documentación. Puedes hacer un listado y meterlo en uno de los bolsillos de tu maleta que te sirva como una lista de verificación cada vez que hagas la maleta.

8. Busca la moderación en la intensidad de actividades.

El ocio y el entretenimiento no riñen con la planificación y la preparación; de hecho, puede disfrutarse aún más si se cuenta con diferentes opciones para escoger en familia durante el día. Estas opciones pueden estar balanceadas en actividades de intensidad física que impliquen caminar, desplazarse y actividades de descanso y espacio que permitan generar conversaciones.

Muchas personas piensan que dejar los días pasar en medio de las vacaciones es una buena opción de disfrute, o peor, algunas otras consideran que tener la agenda llena de actividades hará que puedas sacarle mayor provecho al viaje. Lo cierto es que ni una cosa ni la otra; por una parte, si dejas los días pasar en una habitación de hotel es probable que te pierdas muchas buenas experiencias y hubiese dado lo mismo que te quedarás en casa, pero, por otro lado, atiborrarte de actividades puede hacer que a tu regreso termines estando más cansado que cuando te fuiste; por eso, en la moderación está el placer.

- Clave práctica: por cada actividad intensa que prepares genera un espacio para estar relajado y tranquilo, en el día tríptico puedes escoger que uno de esos bloques sea para estar tranquilo en tu habitación, en el *lobby* de un hotel o simplemente echarte en un sitio sin hacer nada.

9. Vete de vacaciones con amigos cercanos.

Se puede combinar el descanso, la familia y los amigos en una actividad de vacaciones durante un fin de semana. Esto podría convertir tu experiencia en algo mucho más productivo y, como dicen por ahí, "matar tres pájaros de un solo tiro".

En función de cuál sea el nivel de cercanía que tengas con tus amigos, tener una experiencia juntos puede resultar muy significativa y una buena forma de cultivar las relaciones, ya que son espacios que se prestan a conversar hasta tarde, jugar juntos y compartir situaciones personales que quizá en otro entorno sería difícil de compartir.

- Clave práctica: una vez definas con tus amigos cercanos el sitio y la fecha donde estaréis juntos, procura dejar reservado un espacio solo para ti y tu pareja; esto oxigenará las relaciones y permitirá no caer en el aburrimiento o confrontaciones por el tipo de actividades a compartir.

10. Convierte tu experiencia de entretenimiento en una actividad formativa.

El ocio y el entretenimiento suelen verse como actividades de descanso, relax y de desconexión; lo cierto es que una buena planificación debería incluir algún tipo de actividad cultural, artística o histórica para hacer de esos momentos algo más memorable.

Puedes convertir tu experiencia de viaje en todo un proceso de aprendizaje, incluyendo en algún bloque de tiempo alguna ruta, visita guiada que te permita aprender más acerca del sitio que visitas, incluso aprovechar la situación para que tus hijos aprendan fuera de las aulas y tengan contacto con la realidad más allá de los libros de texto.

- Clave práctica: puedes buscar en la Wikipedia las actividades culturales del sitio que visitarás o visitar en primera medida la oficina de turismo donde pueden darte información concreta y evitar el tener que dar vueltas en un sitio perdiendo el tiempo y perderte sitios o actividades importantes por no estar informado.

Cómo cuidar de tus amigos

1. Haz una limpieza de tus contactos.
Una de las primeras cosas que debes hacer a la hora de cuidar a tus amigos es identificar realmente quiénes son, no importa el criterio que tengas para ello, lo importante es que puedas cuantificarlos y eliminar de tu entorno todo aquello que "haga ruido".

Contactos en tu teléfono con números obsoletos, personas con las que hace más de 5 años no tienes ningún tipo de contacto ni tampoco te interesa, grupos de WhatsApp en los que ya no tienes interés de participar. En fin, el objetivo es clarificar quiénes son en realidad esas personas a las que quieres dedicar tiempo y atención y una limpieza te hará verlo más claro.

- Clave práctica: empieza por tu móvil de la A a la Z y elimina todo aquello que no te suene familiar como contacto. Esto te dará una sensación de claridad e incluso te ayudará a recordar si hay personas importantes con las que hace tiempo no quedas.

2. Haz un barrido de temas y contactos pendientes.

Una de las formas de "ponerse al día en las relaciones" consiste en hacer un barrido de llamadas, emails y promesas que quedan en el aire con personas que has pensado verte.

Empieza por aquí y realiza las llamadas que tengas que hacer en modo apisonadora, esto te ayudará a eliminar de tu mente el ruido y el compromiso que genera el tener esa conversación con esa persona entrañable, pero que por falta de gestionar las prioridades se va quedando en el olvido.

- Clave práctica: escoge un día de la semana en el que puedas hacer un bloque de llamadas, ejemplo, sábado de 10:00 a 12:00, para que empieces con tu trabajo de actualización de contactos.

3. Haz una lista de amigos cercanos.

Si te preguntara cuántos amigos tienes, ¿qué me dirías? ¿Te irías al perfil de Facebook para ver cuántos tienes? ¿Mirarías los contactos de tu teléfono para ver quiénes son cercanos? Es más, definir lo que es un amigo podría incluso suponer pensar un poco más, ya que se debe diferenciar de lo que es un amigo y un conocido.

El nivel de profundidad en las conversaciones, la frecuencia y el tiempo que invierten para compartir es lo que marca esta diferencia. Lo importante es que, entre todos los contactos, puedas identificar la lista de aquellos que realmente sí o sí marcan una diferencia en tu vida, que te retan y te ayudan a mejorar, que te dicen quizá aquellas cosas que otra persona no te diría.

- Clave práctica: haz un listado de tus top 10 amigos cercanos y en el lapso de un trimestre contacta con ellos para una llamada, un zoom, un café, una cena juntos. Si tienes 12 fines de semana y una lista de 10 personas podrías quedar con cada uno cada semana.

4. Fija un bloque a la semana para conectar con amigos.

Los amigos son a veces esa asignatura olvidada dentro de nuestro día a día y, aunque es algo que podrías considerar importante, lo cierto es que, si no están en tu agenda, no existen.

Para ello es importante definir quiénes son esos amigos tan importantes para ti y, por otra parte, determinar de manera fija los días y horarios en los que puedes generar espacios para compartir.

- Clave práctica: las jornadas *afterwork* de 17:00 a 20:00 y fines de semana son momentos ideales para quedar con tus amigos, procura tener un tema pensado de antemano acerca de qué hablar, para hacer tu encuentro más productivo.

5. Queda con tus amigos por lo menos una vez cada tres meses.

Queda con tus amigos por lo menos una vez cada tres meses. La forma más potente que existe para nutrir una relación, cualquiera que esta sea, es compartiendo tiempo y atención juntos. Es por esta razón que fijar un día de la semana en el que puedas dedicar tiempo a un amigo será la forma idónea de fortalecer y profundizar esa relación.

La idea es que puedas agendar con antelación (un par de semanas antes) quedar con las personas y tener como excusa un café o una comida para compartir temas personales y profesionales.

- Clave práctica: invitar a comer a amigos a tu casa siempre será un acto de cercanía y cariño; procura que estos encuentros, en la medida de lo posible, puedan darse para darle más profundidad a los temas que se planteen. Por cierto, si eres tú el invitado, recuerda siempre llevar algún detalle, es un acto de cortesía y buena educación.

6. Recuerda los cumpleaños y las fechas claves.

Dicen por ahí en algunos seminarios de ventas que la palabra favorita para cualquier persona es su nombre; pronunciarlo bien y usarlo de vez en cuando durante una conversación es un acto de cuidado y respeto al interlocutor.

Creo que la guinda del pastel sería saber su fecha de cumpleaños y tomarte unos minutos para contactar con él o ella y felicitarle en su día; siempre será un detalle saber que los amigos se acuerdan de una fecha que para la mayoría de las personas suele ser muy especial.

- Clave práctica: Google Calendars es una herramienta muy útil para dar recordatorios; escoge los nombres de tus amigos y agéndalos para que te recuerde la fecha de su cumpleaños, de manera que puedas enviarle un mensaje de felicitación. Todo en la medida de las posibilidades, siempre será mejor decirlo personalmente que por una videollamada; mejor una videollamada que una llamada; mejor una llamada, que un wasap; mejor un wasap que un saludo en alguna red social; mejor el saludo en la red social que nada. Por cierto, si el saludo es solo por una red social probablemente no sea tu amigo de verdad.

7. Haz una reunión con tus amigos.

Imagínate una vez al año realizar una reunión o fiesta con tus amigos más cercanos. Imagina que puedas hacer que tus amigos se conviertan en amigos entre ellos.

Tu fiesta de cumpleaños puede ser una buena ocasión para juntar a la gente que más quieres y permitirá que existan sinergias entre ellos. Si eres el organizador de estos encuentros, podrás aprovecharte del liderazgo que te brinda la ocasión para presentarles y organizarlo todo para que las personas puedan compartir y te conviertas no tanto en el centro de atención sino en un verdadero conector.

- Clave práctica: empieza con un grupo de 5 amigos con los que puedas quedar en un sitio en particular a ver un partido de fútbol, ir al cine y luego salir a cenar.

8. Crea un *mastermind* con temas en común.

Las relaciones de amistad y lo que se cuenta mientras se comparte normalmente atañen a situaciones de la vida cotidiana a nivel familiar, personal y algunos pocos aspectos de la vida laboral.

Imagina que puedas determinar un tema en común, de importancia para todos y que represente un reto y puedan retroalimentarse de sus propias experiencias. Esto puede lograrse con la creación de un grupo de *mastermind* que, básicamente, busca generar un espacio para interactuar y crecer con la experiencia de los demás.

- Clave práctica: reúnete con tus amigos cercanos para compartir acerca de ese tema en común (negocios, gestión familiar, deporte, etc.), establece una metodología para que todos tengan la oportunidad de compartir durante unos minutos y luego entre todos escoger un tema de discusión. Necesitarás para ello por lo menos dos horas y la frecuencia puede ser cada mes o cada dos meses. Apoyarse en un grupo de WhatsApp para compartir información de interés puede ser un buen complemento.

9. Ofrécete voluntario para ayudar en alguna necesidad personal.

Los hechos valen más que las palabras, tener amigos implica cercanía y tener capacidad de sacrificar parte de nuestro tiempo para preocuparnos por sus necesidades.

La vida cotidiana tiene situaciones en donde a veces se requiere la ayuda inestimable de nuestros amigos. Una mudanza, la reparación de un electrodoméstico, el coche, el cuidar de los hijos, en fin, las necesidades suelen ser muchas y nunca sobra ofrecer tu tiempo y cuidado para echar una mano.

- Clave práctica: cuando tengas la oportunidad de estar con tus amigos, pregunta al final si hay algo en lo que puedas ayudar; de esta manera serás consciente de su necesidad y valorarás si cuentas con la disposición o disponibilidad para ayudarle.

10. Haz nuevos amigos.

La vida fluye y, en función de las etapas que llevemos, siempre encontraremos nuevas personas en el camino con las que compartiremos intereses y podremos encontrar simpatías por razones diversas.

Procura estar abierto a conocer nuevas personas y mantén tu mente dispuesta para encontrar sinergias y personas que sumen a tu vida. Este mismo proceso hará automáticamente que las personas que restan vayan quedando relegadas y puedas prestar atención con quienes merecen totalmente la pena.

- Clave práctica: las reuniones de *networking*, asistir a fiestas, apuntarse a clubs deportivos o de negocios, suelen ser buenos espacios para interactuar y conocer nuevas personas que ya vienen filtradas de alguna manera para coincidir con tus intereses. Enfócate más en la calidad que en la cantidad. Mejor una o dos personas con las que puedas profundizar que querer caer bien a todo el mundo y no conectar con nadie.

Cómo gestionar las actividades domésticas, trámites y recados

1. Ten un lugar para cada cosa.

¿Alguna vez has tenido la sensación de que en casa siempre estás moviendo cosas de un sitio a otro? Si es tu caso, te diré que uno de los sumideros de tiempo más frecuentes que tenemos está dentro de nuestra propia casa, incluso con contratación de servicio doméstico hay actividades en casa tan recurrentes que si no ponemos atención terminan lastrando nuestra productividad.

Poner orden y limpieza en tu casa como principio es vital para que puedas ser más productivo, esto implica que cada cosa dentro de tu casa tenga un sitio fijo y no estés como un loco buscando las llaves, el mando del televisor, las gafas, etc., sencillamente porque siempre están en un sitio diferente.

- Clave práctica: identifica cuáles son los objetos que con frecuencia te hacen perder tiempo y define de antemano un sitio para ello; si es el caso, márcalo con una etiqueta para que se sepa por los otros miembros de la familia que ese será su lugar.

2. Reparte el trabajo de casa con tus hijos y pareja.
Si eres de los que constantemente discute en casa por el desorden o porque alguien de la pareja está haciendo más labores domésticas que otro, es importante que puedas sacar un momento para ponerse de acuerdo y que no sea un producto del azar y una respuesta reactiva cada día.

Tener un listado de todas las actividades domésticas de casa, quién la tiene asignada y con qué frecuencia debe hacerse es clave para poner orden y evitar cualquier tipo de discusión posterior.

- Clave práctica: haz un calendario semanal donde en una columna puedas poner todas las tareas de casa (lavandería, planchado, platos, barrer, fregar, limpieza baños...) y acuerda con tu pareja cuáles serán hechos por ti y cuáles por él o ella. Empieza por poner en la lista aquellos que sean de frecuencia diaria y termina por aquellos que sean una vez por semana.

3. Busca ayuda o contrata a alguien profesional.

En cuanto a algunas actividades de casa, ya sea porque resultan repetitivas (lavar, planchar, barrer, limpiar...) o sencillamente porque son complejas (arreglar el jardín, brillar el suelo...), si te lo puedes permitir contrata a alguien para que te ayude.

El servicio doméstico *a priori* podría verse como un gasto innecesario, pero si piensas en todo el tiempo que dedicas en casa a labores que no aportan mucho valor, cuando podrías estar dedicándolo por ejemplo a tu proyecto o a algo que te genere mayores ingresos, notarás que tu tiempo puede ser más valioso si lo dedicas a otro tipo de actividades.

- Clave práctica: si quieres probar, escoge aquella actividad que sea para ti menos deseada y contrata por horas a alguien que pueda ayudarte en esa actividad concreta; puedes empezar por dos días en la semana y en función del resultado podrás incrementar el número de horas; lo importante es que puedas probarlo por ti mismo y ver si encaja dentro de tus necesidades.

4. Ten un menú para cocinar en casa.

Si hay algo que puede darte certeza cada día acerca de lo que comerás es que puedas contar con un menú detallado para cada comida. ¿Por qué tienes que meter en tu cesta de la compra cosas que no son sanas o que no te gustan? Un menú te da la posibilidad de comer solo lo que te gusta y no tener que estar preguntándote cada día qué vas a comer, algo que, por cierto, hace perder mucho tiempo.

Además, contar con un menú tendrá un efecto positivo en tus finanzas, ya que básicamente tendrás en tu despensa solo lo necesario para la preparación de tus comidas, nada de comida basura o *snacks* que afecten tu productividad cada día.

- Clave práctica: puedes tener un menú para 15 días (desayuno, almuerzo y cena), con el fin de que no te aburras de comer siempre lo mismo, incluso puedes usar los mismos ingredientes para realizar diferentes preparaciones. Escoge aquello que más te guste y lo que sea lo más sano para ti. Puedes apoyarte en libros de cocina para incluir platos nuevos.

5. Haz una lista de la compra.
Tener listas para enfocar el trabajo que hay que hacer y evitar así distraerse es clave incluso para las tareas de casa. ¿Te ha pasado alguna vez que vas al supermercado y terminas comprando cosas que no tenías pensado comprar y olvidando aquello que era esencial?

Si es tu caso, tener una lista de la compra donde puedas desglosar los productos, puede ayudarte a escoger y pasar menos tiempo en el mercado o supermercado. Como me imagino que has seguido la recomendación anterior de tener un menú, será mucho más fácil que puedas sacar esta lista. La repetición de esta tarea te permitirá cada vez ser más eficiente en la compra, agrupando los productos por categorías y pasándolos por la caja registradora de manera ordenada para guardarlos con facilidad.

- Clave práctica: una vez hagas la compra procura poner los alimentos, elementos de aseo personal y demás suministros en bolsas de manera que al sacarlo puedan ir todo en el mismo sitio; por ejemplo, una bolsa de aseo personal que vaya directamente al baño, una bolsa de frutas que vaya directamente a la cesta de frutas, una bolsa de verduras que vaya al cajón de verduras, una bolsa de carnes y lácteos que vaya directamente al frigo; este sistema te permitirá ahorrar tiempo y evitar el tener que abrir varias veces la nevera e ir y venir poniendo las cosas en su lugar.

6. Practica el *batch-cooking*.

Un hábito que se ha vuelto tendencia en muchos hogares es el apartar un día (sábado o domingo) para preparar los alimentos que te comerás durante la siguiente semana.

Realizar la cocción del arroz, preparar varias legumbres, tener precocinados algunos alimentos y luego guardarlos en la nevera por días, es una forma de evitar tener que utilizar el tiempo para lo mismo cada día y dedicar solo unos minutos para calentar y comer.

- Clave práctica: para poder hacer un correcto *batch-cooking* necesitas tener un menú preparado, los ingredientes frescos y determinar un mínimo de tres horas un sábado o domingo para preparar y organizar todo en la nevera.

7. Aprovecha los electrodomésticos (lavavajillas, ayudantes de cocina).

Actividades como lavar los platos, lavar la ropa, aspirar el suelo, pueden resultar para muchas personas una actividad engorrosa en la que se dedica mucho tiempo y, como con "la maldición de Sísifo", vuelve a estar todo sucio en cuestión de horas, con lo que vuelves de nuevo al punto de partida.

Una de las cosas que puedes aprovechar es hacer uso de la tecnología y de electrodomésticos como lavavajillas, ayudantes de cocina, picadoras, lavadoras, robot de cocina, planchas a vapor y demás aparatos para hacer el trabajo más fácil y rápido.

- Clave práctica: escoge aquella actividad doméstica que más realizas y te gusta menos y apóyate en algún electrodoméstico que te haga la tarea más fácil.

8. Haz un bloque para recados y trámites.

Tener que ir al banco, una cita médica, llevar el coche a revisión, pagar un recibo, son actividades que tenemos por lo menos una vez a la semana.

Para ser más efectivo, una recomendación es que puedas, en la medida de lo posible, escoger un día de la semana (mañana o tarde) en el que decidas realizar todas estas gestiones. Mejor una vez que todos los días tener que hacer desplazamientos innecesarios. Si hay actividades que te vienen dadas y no puedes escoger, trata de poner más tareas de la misma naturaleza alrededor de esa hora.

- Clave práctica: determina, por ejemplo, el viernes por la tarde para realizar labores misceláneas; una vez lo tengas establecido, podrás hacer que todas las actividades, recados y trámites puedan realizarse dentro de ese bloque de tiempo.

9. Llena el depósito de combustible.
Si cada vez que vas a una gasolinera sueles poner el depósito de combustible en un 30% de su capacidad, esto implica que tengas que desplazarte más veces. Ir, pagar, repostar y volver es una actividad que sumando en tiempo puede tomarte hasta 30 minutos, es decir, una hora y 30 minutos si lo haces tres veces. Llenando el depósito de combustible al 100% ahorrarás por lo menos una hora de tiempo.

- Clave práctica: escoge un día de la semana (sábado por la mañana) y una gasolinera concreta de confianza en la que puedas hacer el repostaje; en algunas de ellas podrías incluso obtener descuentos por ser cliente. Aprovecha también este momento para limpiar por dentro y por fuera tu coche, y revisar la presión de las ruedas, así tendrás el coche siempre en las mejores condiciones.

10. Conviértete en una persona minimalista.
Si tienes muchas cosas en casa, son más las cosas que tienes que cuidar, mantener y limpiar. Una de las maneras de disminuir el trabajo de casa y disponer de más tiempo libre es evitar tener más objetos y eliminar aquello que no es funcional ni útil.

La tendencia de vivir mejor con menos cosas es una de las premisas del minimalismo y que recomendamos para ser más productivos. Si tienes un espacio más limpio y organizado, tu productividad por defecto incrementará. Recuerda que nuestro entorno tiene un impacto directo en nuestro bienestar, así que saca todo aquello de tu vida que no aporte.

- Clave práctica: dentro de la lista de deberes que tengas en casa, podrás incluir una limpieza profunda por lo menos cada tres meses. Esto se aplica a cada área de la casa (cocina, baños, habitaciones, sala, estudio, trastero, coche...). La sensación de liberación que te da el poder de tirar cosas que no uses, que no funcionen o simplemente que no te gustan generará en tu casa un ambiente ligero y más agradable.

EPÍLOGO

No existe ser humano más desdichado que aquel para quien lo único habitual es la indecisión, y para quien encender cada puro, beber cada copa, la hora de levantarse y acostarse cada día y el inicio de cada labor son objeto de constante deliberación de la voluntad.

RYAN HOLIDAY

Bien, hemos llegado al final de este viaje y son varias las reflexiones que nos quedan acerca de cómo adquirir hábitos que verdaderamente nos ayuden a gestionar mejor y transformen nuestra vida, la de nuestro negocio y nuestra familia.

Una gestión de alto rendimiento no se basa en una o dos cosas y olvidarse del asunto; sin embargo, con que apliques de manera seria un par de ideas de las que te he planteado en este libro, podrás incrementar gradualmente tu capacidad de gestión y ganarle la batalla a la inclemente realidad que trae consigo la vida cotidiana.

Te aseguro que si pones en práctica poco a poco algunos de los hábitos que te sugiero y los practicas durante un tiempo sostenido y de manera sincera, dejará de ser una rutina hasta convertirse en un verdadero ritual sagrado.

Lo cierto es que siempre habrá maneras de mejorar tu eficiencia y hacer las cosas cada vez mejor, así que esto significa que no acaba y que se trata de un proceso de mejora continua. Sin embargo, con los cientos de claves que he compartido contigo en este libro tendrás un punto de partida para mejorar tus resultados y ganarle tiempo al tiempo.

Continúa enfocado en hacer una buena gestión en todas las áreas de tu vida, aprendiendo, probando y entrenando nuevas habilidades. Divaga, desenfócate y vuelve a enfocarte para estar concentrado; de esta manera estarás en un constante proceso de aprendizaje, incorporación de nuevos hábitos que te harán una persona de alto rendimiento, más productiva y ordenada.

Creo profundamente que la única manera de alcanzar la excelencia es poniendo orden y en un mundo caótico como el que vivimos, establecer buenos hábitos se convierten en un refugio seguro. Esa disciplina de establecer buenos hábitos te ayudará a eliminar la autocomplacencia, ya que estoy convencido de que la autodisciplina es una buena base para conseguir poder personal y éxito.

El presidente Eisenhower decía que la libertad era una oportunidad para ejercer la autodisciplina y conseguir buenos resultados en cualquier cosa que hagas necesita de ese vital ingrediente para que todo prospere. Sé que probablemente pensarás: pero eso de la autodisciplina suena aburrido y esclavizante, me gustaría ser una persona exitosa y al mismo tiempo libre y hacer lo que quiera. ¿Sabes qué?, los más sabios consideran que la libertad total puede convertirse en una verdadera pesadilla de desenfreno y desaprovechamiento.

Mi propuesta es que más temprano que tarde conviertas esos hábitos en aliados en lugar de verlos como enemigos a vencer. Se trata de crear una vida que podamos vivir de manera ordenada, calmada y con sentido. Paradójicamente, se trata de ser libres construyendo una muralla que nos proteja de nosotros mismos.

O como alguna vez lo definí dentro de un grupo de amigos, tengo la vida aburrida que siempre soñé...

La forma de construir esa muralla y tener esa "vida aburrida" es convirtiendo estos hábitos en rituales y estos rituales en acciones que van en piloto automático, tantas acciones como podamos para evitar así actuar de manera poco productiva. Cuanto más minuciosos seamos en automatizar las actividades de nuestro día a día, liberaremos más a nuestra mente para que pueda dedicarse a su principal función, crear ideas que puedan mejorar tu vida.

Puede que empieces y no notes los resultados inmediatamente, pero es la suma de esas acciones las que realizarán un verdadero cambio, habrá subidas y bajadas en el día a día si pones la lupa en la cotidianidad, pero si tomas una perspectiva más amplia podrás darte cuenta de que en el lapso de un año notarás un cambio significativo en línea ascendente. Me pasa con mis hijos, cada día los veo y no noto cambios, pero las personas que dejan de verlos durante meses exclaman al verlos: pero ¡qué grandes están! Pues en la vida pasa exactamente igual con la implementación de los hábitos.

Así que, como ves, la búsqueda de esa libertad interior es iterativa, repetitiva, cíclica, forma bloque a bloque nuestro refugio seguro donde no seremos más esclavos de nadie ni de nada, salvo de nuestros propios hábitos. Me encanta la frase que dice "un hombre que trabaja con sus manos es un obrero, alguien que trabaja con sus manos y corazón es un artesano, alguien que trabaja con sus manos, corazón y mente es un artista". Te invito a que te conviertas no en un obrero ni artesano, sino en un verdadero artista de tu propia vida.

BIBLIOGRAFÍA RECOMENDADA

PARA GESTIONAR TU TIEMPO

- Breus, Michael. *El poder del cuándo*. Editorial Oberon, 2022.
- Clear, James. *Hábitos atómicos*. Editorial Diana, 2020.
- González, Fabián. *La agenda de cuarta generación*. Plataforma editorial., 2022.
- Keller, Gary. *Lo único*. Editorial Aguilar, 2015.

PARA GESTIONAR TU NEGOCIO

- Gerber, Michael. *The e-myth revisited*. HarperCollins, 2007.
- González, Fabián. *La marca del emprendedor*. Editorial Círculo Rojo, 2015.
- González, Fabián. *Tu marca profesional*. Plataforma editorial, 2013.
- Kaplan, Robert y Norton, David. *Mapas Estratégicos*. Gestión 2000, 2004.
- Maxwell, John C. *Desarrolle el líder que está en usted*. Thomas Nelson, 1993.
- Payne, Chris. *La venta disruptiva*. Pan House, 2020.
- Thiel, Peter. *De cero a uno*. Editorial Planeta, 2015.
- Wickman, Gino. *Traction*. BenBella Books, 2011.

PARA GESTIONAR LA PAREJA

- Eggerichs, Emerson. *Amor y respecto,* Grupo Nelson, 2010.
- Chapman, Gary. *El Matrimonio: pacto y compromiso.* B&K publishing group, 2004.
- Young, Ed. *los 10 mandamientos del matrimonio.* Editorial Unilit, 2004.
- Gray, John. *Los hombres son de Marte y las mujeres de Venus.* Debolsillo Clave, 2010.
- Pease, Allan y Barbara. *Por qué los hombres no escuchan y las mujeres no entienden los mapas.* Amat Editorial, 2018.

PARA GESTIONAR LA CRIANZA DE LOS HIJOS

- Dobson, James. *Cómo criar a un niño de voluntad firme.* Editorial Unilit, 2005.
- Jove, Rosa. *Ni rabietas ni conflictos.* La esfera de los libros, 2011.
- Nelsen, Jane. *Cómo educar con firmeza y cariño.* Ediciones Medici, 2007.
- Faber, Adele. *Padres liberados, hijos liberados.* 2013.
- González, Milena. *Crianza asertiva.* Editorial Sentir, 2022.

Marcombo es una editorial especializada en libros técnicos y científicos que cuenta con más de 75 años de experiencia.

Los títulos de Marcombo están escritos por grandes especialistas y tratan materias sobre tecnología, empresa, instalaciones y otros temas relacionados con las ciencias e ingenierías. Asimismo, Marcombo publica libros sobre formación profesional, certificados de profesionalidad y universitarios; materias de siempre y actuales que avalan una rigurosa y dilatada trayectoria editorial.

Marcombo está a su disposición para ofrecerle las mejores obras técnicas, científicas y de formación de ayer, hoy y siempre. Los autores, nacionales e internacionales, comparten su amplia experiencia mostrando tutoriales de contenidos paso a paso, expertos consejos e ideas motivadoras que reforzarán sus conocimientos. Estos libros son una valiosa herramienta con la que potenciará notablemente sus habilidades y conocimientos técnicos.

Queremos agradecer su confianza en los libros de Marcombo. Por eso, queremos compartir con usted diversos regalos digitales de algunos de los temas de referencia. Puede acceder a ellos dentro del apartado **Contenido gratuito** en www.marcombo.com